KOSEI HAYAMA
葉山倖成

LIFE POSITION

ライフポジション

人生の「役割」を見つける5＋1ステップ

The 5+1 steps to discover your position in life.

水王舎

はじめに

本書を手に取っていただき、ありがとうございます。

あなたは、こんな思いでこの本を手に取ったのではないでしょうか?

「もっと充実した毎日を過ごしたい」
「自分らしく生きたい」
「自分の強み、経験を活かせる仕事で、やりがいを持って働きたい」
「仕事も家庭もプライベートも、もっと充実させたい」
「誰でもできることではなく、自分だからこそできる仕事がしたい」
「自分の実力をフルに活かし、自信、誇りを持って、人生を楽しみたい」

漠然と思いながら、目の前の生活に追われ、毎日が過ぎて、ふと「たった一度の人生、このままで良いのだろうか？」と思う。

そして……

「人生を今より、少しでも良くしたい」

本書では、私が実体験を通して得た人生を充実させるための「役割」という考え方、**7年間延べ5000名**を超える生徒さんが成果を出した具体的なやり方、**「夢を叶える過程で誰もがつまずくポイントを乗り越え、理想を実現する方法」**をお伝えします。

■迷いなく、自分らしく生きるための「人生の役割」

多くの人が自分らしく生きたいと願いつつ、できない理由。それは……

「生まれながらに持っている人生の役割」

つまり、**「自分は、人生を通して、人や社会にどんな影響を与えるべき存在か？」**を知らないからです。

「人生の役割」が明確になれば、仕事、環境、人間関係に振り回されることなく、あなたらしく人や社会の役に立ち、多くの人に喜ばれて、毎日を生きることができます。

そして、人生の役割を生き、影響力のある人の周りには、自然と人が集まります。

- **仕事はうまくいっても、家族とうまくいかない。**
- **人付き合いが苦手で、初対面の人と話せない。**
- **プライベートは充実しているが、仕事がとても憂鬱だ。**

なんていう悩みがなくなって、仕事、家庭、プライベートすべてが充実します。そんな人生を歩むためのエッセンスを、本書に詰め込みました。

ご挨拶が遅くなりました。私は通販事業をはじめ、オンラインサロン・ビジネススクールの運営、セミナー講師育成、ビジョナリーワークショップ、自然の中で自分と向き合い、大切な価値観を明確にするネイチャーセッションなどを主宰している葉山倖成と申します。

私のもとには、会社員、起業家、フリーランス、主婦の方など、年齢、仕事問わず幅広い方が、**「今よりも人生を良くしたい」**という思いで訪れます。

「人生を良くしたいけれど、何を変えるべきかがわからない」
「自分が何を望んでいるかわからない」
「幸せになりたいけれど、何から始めれば良いのかわからない」

もしかしてあなたも、このように感じたことがありませんか？

■学んでも稼いでも人生が良くならない方への「3つの質問」

仕事柄、一生懸命ビジネスを学び、自分で稼げるようになっても、「人生を良くしたい」という願いが叶わない人を目の当たりにしてきました。
人生が変わらないのはなぜでしょう？　ポイントは3つの問いです。

1　**お金を稼いで何をしたいのか？**

2　**この人生で、自分は何を成し遂げれば良いのか？**
3　**自分にとっての幸せとは何か？**

これらの問いへの答えがなければ、お金や時間など、何を手に入れても、心にぽっかりと穴が空いているようなもの。心の底から「自分らしく充実し、素晴らしい人生を送っている」とは感じられません。

逆に、3つの問いへの答えを持っていれば、何かが手に入らなくても、毎日の充実感を味わえます。

この3つの問いに答えられるようになるために、明確にすべき軸が、あなたの「人生の役割」です。

■あなたの本当の目的＝「役割」を見つける方法

私は、全くのゼロから自分の力だけで稼ぐ方法を教えながら、それぞれの生徒さんに対し、先の3つの問いに対する答えを導く指導を行なっています。つまり、人生の本当の目的＝「役割」を一緒に探すのです。

本書では、あなたにも、自分の人生の答え＝「役割」を見つけてもらうべく、私が普段生徒さんにお伝えしていること、実際にスクールで行なっているワークをご紹介します。

特別な体験がある人、何かを成し遂げた大成功者、波乱万丈な人生を生きていた人は、自分の人生に少なからず確信を持っています。しかし、ほとんどの人は様々な経験をしつつも、「自分の人生なんて、特別なものではないし……」と感じています。

あなたの本当の価値、代わりのいないあなただけの役割のヒントは、あなたの過去に眠っています。本書を読み終えるころには、これまでの人生の価値、そして、ご自身の存在価値にも気づけるでしょう。

ここまで読んで、「そんな簡単に、自分の価値が見つかるの？」と疑問に思っているかもしれませんね。たしかに本書には「あなたの人生の答えはこれ」とは書いていません。

本書でお話しするのは、**人生の目的を探すプロセス**です。ワークを通して、質問に答えることで、過去の体験の意味がわかり、**あなたの人生の価値が浮き彫りになります。**

質問によっては、時間を要するものもあるかもしれませんが、一つひとつ向き合うことで、自然と答えへと導かれ、あなただけの役割が見えてくることでしょう。

第1章では、〝役割とは何か〟についてお話しします。「人生の役割」を軸に人生を送ることで、**仕事、家庭、人間関係、プライベート**すべてが充実することを、様々な事例を用いてお伝えします。

第2章では、今よりも充実して、心地良く生きるために大切な「行いすべてを愛する」考え方を腑に落とします。私が過去に飲食店を経営していた経験から気づいた仕事への考え方は、**今、仕事で悩まれている方のヒント**にもなると思います。

第3章では、役割について考える際に重要な過去のとらえ方、ついネガティブに考えてしまう場合、後悔の念をなくし、**すべてを肯定できるようになる秘訣**をお伝えします。

第4章は、役割を生き、行動を変えていくために重要な**「潜在意識」の機能と活用方法**についてです。潜在意識の力を利用することが、人生を変えるには不可欠です。

第5章では、役割を見つけ、**人生を変えるための5＋1ステップ**を、私自身の例と共にあなた自身が本書を読んで実践できるようにお話しします。巻末のワークをやる際にぜひ参考にしてください。

第6章は、役割を見つけるだけでなく、それをきっかけに人生を変えていくための章です。プライベートも仕事も「貪欲になる」ことで、さらに**心豊かで充実した人生**を送っていきましょう。

本書をきっかけに、あなたの人生がより充実し素晴らしいものになるように祈って。

2023年2月

葉山倖成

目次

第1章 人生を導く「あなたの役割」の見つけ方

第3章

あなたの過去は宝の山

目次

第5章

役割を見つける5＋1ステップ

第6章 人生に貪欲になれ

編集協力　中西謡　ＩＰＳ出版株式会社
企画協力　長倉顕太　原田翔太
装　　丁　澤田哲志

第1章

人生を導く「あなたの役割」の見つけ方

■社会人になる前に人生が終わった？

6年前のこと……。

周りからいくら認められても、ふさがらない心の穴を抱えた彼は、私の前で肩を落としていました。

「俺は何をやっているんだろう……」

建設系企業で、バリバリ仕事をこなす社内でも一目置かれるリーダー。野球人生で培った強靭な精神力、体力、目上の方から気に入られるコミュニケーション力を武器に、周りの人からも頼られ、憧れられていました。

結婚し、子どもも生まれ、プライベートも順風満帆。しかし、彼の心にはぽっかりと大きな穴があったのです。

転職した先々で社長賞や営業成績で表彰され、さらに、キャリア支援の事業を立ち上げて、傍からみたら輝かしい毎日の中でいわゆる「できる人オーラ」を放っていた彼ですが、「何かが違う」とずっともがいていたのです。

あなたも、忙しく、それなりに充実した毎日を送りながらも、漠然と不満、閉塞感を感じることはありませんか？　何かがすごく嫌で変えたいわけではない。

でも……。

「今の自分は、本当の意味で充実した毎日を送れていない」
「頑張っているけれど、自信を持って語れるものがない」
「先のことを考えると、不安と疲れを感じる」

こう思ったことがあるかもしれません。

彼は元々プロ野球選手になろうと、誰もが知る名門校で甲子園を目指していましたが、度重なる怪我でドクターストップがかかり、泣く泣く野球を諦めました。「社会人になる前に、自分の人生は終わったようなもの」と私に話してくれました。

「野球をやっていたころの情熱。必死で白球を追いかけ、暗くなってもバットを振り続けた熱い思いを、自分はこれから先、もう味わえないのか？」

彼の心の穴は、そんな失意から生まれたものでした。

気づけば子どもは3人になり、本当にこのままで良いのかと悩んで、私のビジネススクールにたどり着きました。

スクールで学び、2ヶ月で個人収益1002万円の売上と圧倒的な成果を出した彼ですが、彼がそこで見つけたのは、お金よりも価値のあることだったのです。

■見つけるべきは「職業」ではなく「役割」

「葉山さん、僕はプロ野球選手になりたいんじゃなかった。夢や希望を人に届けたかったたと気づいたんです」

これが、彼が「人生の役割」に出会った瞬間でした。自分らしく充実した毎日に必要なのは「野球選手」という職業ではなかったことに、一番驚いたのは彼でした。

「子どものころに自分が夢や希望をもらったように、プロ野球選手になって、多くの人に夢や希望を与えたい」彼の根底にはそんな思いがあったのです。

ドクターストップで野球を続けられなくなった時、「人生が終わった」と感じたのは「プロ野球選手になること」こそが自分らしく活躍するための条件だと思ったから。そして、どれだけ仕事で成績優秀でも心に穴が空いていたのは、「夢や希望を与える」という役割を見失っていたからでした。

「肩書きや仕事ではなく、人には『役割』が必要なんだ」

私はこの時、確信を持ちました。

それから彼は、役割を果たすための手段として仕事に励みました。

私と出会ったころの彼は、「このままでは子どもたちにとって、かっこいい父親でいられない」と誇りを失っていましたが、現在は、自分の役割に目覚め、起業家育成講師として年間300～500名の方が参加するセミナーを全国で開催したのち、キャリア支援の会社を設立、20代30代の方々を対象に夢と希望を届けています。今では、私にとってかけがえのない心友の1人であり、かけがえのないビジネスパートナーとなりました。

人生の役割に気づけば、自分への誇りを取り戻し、人生を好転させられる。

迷いなく、エネルギーに溢れた日々を過ごすことができるようになるのです。

役割とは「影響」を与えること

役割が明確になれば、一気に人生が開かれ、迷うことなく夢に向かい歩き出せる。これは彼に限った話ではありません。今、これを読んでいるあなたも同じです。

あなたは今まで、自分の「人生の役割」を考えたことがありますか？

一般的に「役割」と聞けば、父、母、会社の役職などの肩書きを思い浮かべると思いますが、あなたもお気づきのように本書で話す役割は、それらとは別物です。

私たちは存在しているだけで何らかの影響を周りに与えています。ポジティブかネガティブか、自分の意図にかかわらず、何かしらの影響を与えているのです。

「役割を明確にする」とは簡単に言うと、**「自分が周りにどんな影響を与える存在かを明確にすること」**です。


あなたは今、周りにどんな影響を与えているでしょう。たとえば、部下、旦那さま、奥さま、お子さま、友人にどんな影響を与えているかを答えられますか？

「そんなことは考えたこともない」と思うかもしれませんね。または、父親として子どもを教育することが役割、社長として会社の売上を上げることが役割と、肩書き、人間関係をベースに考えた方もいるでしょう。

自分の周りへの影響について考えない限り、人間関係が良くなることはありません。私たちは、「自分のすべきこと」より、「自分が人や社会にどんな影響を与えるか」に目を向けるべきです。


「同じものが好きだから」「親子だから」などの理由で表面上の付き合いはできても、

何十年と関わるには「相手に与える影響」が大きな意味を持ちます。

なぜなら、ポジティブな影響を与えてくれる人とは親しくしたいけれど、ネガティブな影響を与える人からは離れたいと誰もが思うからです。お互いの影響がうまく作用しなければ、いずれは綻びます。

まずは、自分の与えている影響を認識しましょう。今、あなたがどこかうまくいっていないと感じるのであれば、方法や手段での改善ではなく、「自分が与えている影響」を振り返ることが解決の糸口です。

■影響をコントロールして人間関係を改善する

先ほど、〝私たちは、「自分のすべきこと」より、「自分が人や社会にどんな影響を与えるか」に目を向けるべき〟と話しました。

家、職場、電車に乗っている時、レストランでの食事、この本を読んでいる今この瞬間も、あなたは周りに影響を与えています。自分が影響を与えているとイメージしにくい場合は「あなたが電車に乗った時、誰かがスペースを作ってくれることを考える」とおわかりいただけると思います。

そして……。

・自分の影響をコントロールできるようになりませんか？
・今自分が与えている影響を振り返ってみませんか？

と言いたいのです。

たとえば、職場ではお互いが強く影響を与え合います。口うるさい上司に名前を呼ばれ、ミスをしたかと不安になる。上司の顔を見るだけで背筋が伸びる。「ちゃんとしなきゃ！」と変なスイッチが入る、などの経験はありませんか？

問題は、上司はそんな影響を与えようと意図していない可能性があること。もしかしたら上司は、「部下たちと和気藹々《あいあい》と仕事をしたい」「もっと気軽に話しかけてほしい」と思っているかもしれません。しかし、普段の行動や言動によって、思いとは裏腹なことが起きてしまう。

・どこか避けられている気がする。
・飲みに誘っても同行してくれない。
・相談をしてもらえない。
・怒っていないのに、怒っていると思われる。
・問題がないか聞きたいだけなのに、話しかけると萎縮される。

こんなことを悩まれている中間管理職の方が多いのも事実です。

「どうやったら部下と円滑なコミュニケーションが取れるのだろう?」

「どうやったら部下が取りつくろわずに話してくれるのだろう?」

もしかしたらあなたも、そう悩んだことがあるかもしれませんね。


自分が与える影響を見直せば、自分が望む人間関係を構築できます。

部下に慕われたい、円滑なコミュニケーションを取りたいならば、〝そう思われるような影響を与える〟以外にありません。部長、店長、リーダーだろうとマネージャーだろうと同じです。

・口うるさく近づきにくい部長
・自分が抱えている仕事を押し付けてくる店長
・自分の意見しか言わず、人の意見に耳を傾けないリーダー
・思い通りに物事を進めようとするマネージャー

などと、肩書きの前に、現在あなたが与えている影響が関係しているかもしれません。仕事を円滑に進め、人間関係を良くするには、改善の余地があります。

影響は「時を超えて」作用する

影響は、リアルに会っている時だけのものではありません。

・子どものころ、いじめにあって、人と打ち解けられず、意見を言えない人。
・大恋愛の末に失恋。その人を忘れられずに次の恋へ進めない人。

・両親の教育が厳しく「間違えてはいけない」と社会常識に縛られ、自分らしく生きられない人。
・パワハラで自信をなくし「自分には価値がない」と悩み、家から出られない人。
・部活の先輩が厳しく、年上の人にはつい、何でもイエスと言ってしまう人。

これらは、私がこれまでにお会いしてきた方々の例です。現在その人と関わっていないとしても、私たちはこれまで関わってきた人の影響下にいまだにいるのです。

「意識していようと意識していなかろうと、何かしらの影響を受けている」

ということです。

逆に言えば、自分が放った何気ない一言がいまだに誰かを苦しめているかもしれない。自分との関わりで、人と接するのが怖くなった人がいるかもしれないのです。

・相手を成長させるために言った一言かもしれない。
・その人のことを思って放った一言かもしれない。
・あえて厳しく接しただけかもしれない。

現実はわかりませんし、過去に戻ってやり直すことはできず、謝っても自分の与えた影響は消えません。

そして、私はあなたが悪い影響を与えていると言いたいのではなく、**存在するだけで周りに影響を与えているという自覚を、今まで以上に持つ必要がある**と伝えたいのです。重要なのは、自分の与える影響を自分でコントロールすることです。

これからの人生でも、私たちは何らかの影響を人に与え続けます。一度、自分がどんな影響を人に与えてきたか振り返ってみませんか？

あなたはどんな影響を与えているのか？

役割について考える際、「影響」は重要な視点なので、もう少し話を続けます。

先ほど、私たちは存在しているだけで、何らかの影響を周りに与えているとお伝えしました。

ここでは影響の与え方について深掘りしていこうと思います。

・上司との関係性が良好ではない
・旦那さん（奥さん）との関係性が良好ではない
・お子さんとの関係性が良好ではない

など、人間関係が良好でない場合、影響の与え方が「パワー軸」になっている可能性が非常に高いです。

わかりやすい言葉で言うと「上下関係」です。


「早く仕事を片付けておけ！」

「言われた通りに仕事をしろ！」

「上司の言ってることが正しいんだ！」

部下に対してそんなふうに接してしまう。

「俺の言うことに口出しするな！」

「黙って言うことを聞いておけ！」

「誰が稼いできてると思ってるんだ！」

奥さんに対してそんなふうに接してしまう。


「あなたがしっかりしないから……」

「たまには家のことくらい手伝ったら？」

「あなたにはどうせ分からない……」

旦那さんに対してそんなふうに接してしまう。


「言うこと聞きなさい！」

「勉強しなさい、掃除しなさい！」

「○○したら■■していいからね！」

お子さんに対してそんなふうに接してしまう。

このように、自分の立ち位置を相手より優位にした状態で、コミュニケーションを取る影響の与え方を**「パワー軸」**と言います。

この「パワー軸」のコミュニケーションの取り方、つまり「影響の与え方」が一般的には主流になっていて、あらゆる職場や家庭環境、友人関係で多く見られます。

その理由はシンプルで、最も手っ取り早く影響を与え即効性があるからです。

また、私たち自身も親や先生、先輩から同じような影響を受けてきているので、その方法しか知らないというのも大きな原因の一つでしょう。

ただ、残念ながら**「パワー軸」の関係性は良好にはならず、長続きしません。**

その理由は、「力」をベースに人間関係が構築されているため、どちらかがパワー勝ちして、どちらかがパワー負けする構図になってしまうので、パワー負けする方は我慢をすることになりますし、怯え、萎縮することもあるでしょう。

一時的に我慢をすることができたとしても、何かをきっかけにこれまで溜まっていたものが一気に噴き出し、「負けるものか！」と言わんばかりに、反論・攻撃・否定・批判を生み、争いへつながっていくこともあるためです。

パワハラやモラハラの原因は、「パワー軸」による影響の与え方が生んだコミュニケーションの弊害ですし、「パワー軸」は行き過ぎると暴力に発展してしまいます。

本書を読まれている方の中にも、もしかしたら思い当たる節がある方がいらっしゃるかもしれませんが、今こそ、自分がどんな影響の与え方をしているのかを振り返るべきなのです。

人間関係を良くしたいなら、影響をコントロールすることが大事だと先にもお伝えした通り、良好な人間関係は良好な影響からつくられるのです。

そのためにも、まずは誰もがやりがちな「パワー軸」での影響の与え方を改め、役割を軸とした影響の与え方にシフトする必要があります。

影響を与える人・影響を受ける人

ここまでお読みいただいて、影響には「与える側」と「受ける側」があるということとを理解していただけたと思います。

役割を見つけてまっとうすることは「自分の与えるべき影響を確信し、周りの人に与えること」を示します。


しかし、もしかしたら、「そもそも人に影響を与えるなんて考えていない」「人とのつながりに疲れた」なんていう方もいるかもしれません。

人との関係で疲れることがあっても、一人で生きることは難しい。それならば、関わらずに済む方法ではなく、**あなたにとってベストな関わり方**を見つけませんか？

重要なのは**「影響を受ける側」ではなく、「与える側」に回ること**です。


人付き合いの疲れは、影響を受けているからこそ起きます。与える側になれば、この呪縛から抜け出せるのです。

たとえばSNSの疲れも同じ構造です。影響を与えようと発信を頑張りながら、実はユーザーからの影響を受けています。

インフルエンサーを目指しSNS発信をしつつ、いいね数やフォロワー数が気になるのは、結局「ユーザーから影響を受けている」ということです。「インフルエンサーになりたい症候群」です。

・いいね数やフォロワー数が気になり、精神的に疲れる。
・何のためにSNSを頑張っているのか理由がわからなくなってしまった。
・反応が気になって、投稿ができなくなってしまう。

影響を与えるつもりが受ける側になってしまっては本末転倒。
そもそもなぜ、いいね数やフォロワー数が気になるのでしょう？

・インフルエンサーになりたいから？
・フォロワーが増えれば仕事をもらえるから？
・自分の存在を誰かに認めてもらいたいから？

もしあなたがSNSをやる理由が、「誰かに認めてもらいたいから」なら、今すぐその考えを変えないと投稿の継続が困難になります。

インフルエンサーとして活躍している人は前提として、「伝えたいメッセージがあり、与えたい影響があり、それを日々発信していく中でインフルエンサーになった」はずです。

どうしても伝えたいメッセージを、一人でも多くの人に届けたいと発信をしています。誰かに認めてもらいたいのではなく、届けたい「何か」があるのです。

誰かに認めてもらいたくて始めたならば、やがて熱は冷め、疲れ、モチベーションが下がり、なぜやっているかもわからなくなるでしょう。仮に、一定のフォロワーができても、今度はフォロワーたちの評価が気になり、続きません。

逆に自分の役割から「こんな影響を与えたい」というコアなメッセージがあり、届けたい誰かがいる場合は、そうはなりません。

フォロワーが増えるまでには時間がかかるかもしれませんが、ゆっくりと認知され、インフルエンサーまではいかなくても、メッセージが誰かに届き、力となる。流行り廃りではない、本物のファンができます。

影響を受ける側から与える側へシフトするためにも、役割を明確にすることは必要です。

■役割が「軸」に変われば、自信を持てる

役割は、自分が与える影響で、影響は受ける側ではなく与える側になることが重要だとあなたもわかったと思います。

人生の役割が明確になると、周囲にポジティブな影響を与える側になり、自信と情熱を持って生きられるようになります。

「自分の軸が定まる」

ということです。

さらに、自分の才能の活かし方、伸ばし方がわかり、仕事をしていても、家族、友だちといても心穏やかに過ごせて幸福度が上がります。

「私の役割は、子どもに対して〇〇な影響を与えること」
「私の役割は、仕事を通して〇〇な影響を広げていくこと」
など「こんな影響を与える」を軸に、周囲に振り回されず、自分を活かして人生を謳歌《おうか》できるのです。

また、役割を見つける過程で、これまでの人生を全肯定できるようになることも目的の一つです。どんな人生を歩んできても、多くの失敗をしてきても「自分の人生には価値があった」「自分という存在にも大きな価値がある」と知ってほしいのです。

平成29年、国立青少年教育振興機構 青少年教育研究センターが実施した高校生の心と体の健康に関する意識調査で、「私は価値のある人間だと思うか?」に対する、「そう思う」の回答は9・6%でした。

一方、アメリカの高校生の53・2%は「自分には価値があると思う」と答えました。

あなたは、この結果をどう感じますか? そして、あなた自身、同じ問いをされたとしたら、胸を張って「自分には価値がある」と答えられますか?

私は「この子どもたちを作っているのは、私たち大人だ」と思います。自分に価値を感じていない大人が多いから、子どもたちもそう思うのです。

役割を見つけることは、自分の価値に気づくことでもあります。詳しくは後述しますが、あなたの人生には、あなたしか持ち得ない価値があるのです。その価値をもとに役割を見つけ、自分の価値を最大化しましょう。

■仕事、家庭、プライベートと人生の役割

・仕事での役割
・家庭での役割
・プライベートでの役割
・そして「人生の役割」

本書ではこれから、それぞれの領域でのあなたの役割を見つけていきます。

■「仕事」での役割を明確にする

私たちは1日の約半分を仕事に費やすので、仕事の役割は人生において大きな意味を持ちます。仕事とは「社会に対して、何らかの価値を提供すること」です。取締役、役員、管理職、営業、人事、事務、経理、正社員、派遣どんな形でも、会社を支える一員には違いありません。直接的にしろ間接的にしろ、あなたのやることは社会への価値提供につながっています。

さて、毎日仕事をしているあなたの「役割」は何でしょう？
販売、書類整理、資料作成？　いろいろあると思いますが、今挙げたものは役割ではなく、作業、タスク、役職です。

仕事の役割とは

「あなたは、お客さまに対してどのような影響を与える人か？」

「あなたは、同僚に対してどのような影響を与える人か？」

ということです。重要なのはあくまで、あなたが周りに与える影響なのです。

■「家庭」での役割を明確にする

人生は、仕事と家庭にほとんどの時間を使います。

家庭にも様々な家事があります。掃除、洗濯、炊事、片付け、中には子育て奮闘中の方もいるでしょう。

家庭は大事だと思っても、目の前の仕事に追われ、ついおろそかに……そんな経験があなたにもありませんか？

家庭がうまくいくと、毎日は楽しく豊かになります。そんな家庭での役割とは
「家族、旦那さん、奥さん、お子さんに対して、どんな影響を与えるか？」

ということです。ワークを通して、これも明確にしましょう。

■「プライベート」での役割を明確にする

こんなところでカミングアウトすることでもありませんが、私は大の人見知りで（今は克服しています）「友だち」と呼べる存在はお恥ずかしながら中学生のころの友だちしかいません。

「寂しい人だ……」と思われたかもしれませんが、「仲間」は全国各地、九州、関西、関東と数え切れないほどいますので、彼らを友だちと言うのであれば、全国に友だちがいます。

プライベートでの役割においては、休日に買い物や食事に出かける、悩みを聞く、逆に相談するなどの友だちとの関わり方ではなく、**「友だちに対してどんな影響を与えるか？」**を明確にします。

家庭の問題が起きるのは、仕事の役割を持ち込んだせい？

ここまで読んで、「なぜ、仕事、家庭、プライベートと領域を分けて役割を明確にするの？役割は一つでいいのでは？」と思った方もいるかもしれませんね。

これから、役割を分けるべき理由を話します。


あなたは、こんな話を聞いたことがありませんか？

「地位や名誉のある人ほど、家庭がうまくいっていない。」

事実かはわかりませんが、芸能人二世の事件、官僚の不貞、不倫騒動、お金に絡む問題などあなたも聞いたことがあると思います。ドラマや映画でよく見る「厳格な父親に嫌気がさして、非行に走る娘」もあながち間違ってはいないでしょう。


日本の離婚率は約35％、3組に1組は離婚します。新型コロナウイルスが猛威を振るい始めたころ、「コロナ離婚」「コロナ破局」などの言葉もマスコミで取り上げられました。よく、価値観の違い、金銭面の問題が離婚の原因として挙げられますが、そもそも価値観は違って当然ですし、体験とともに変わります。

それなら、地位や名誉がどうであれ、なぜ家庭の問題が尽きないか？

理由は、「仕事の時の役割のまま、家族に接するから」です。家の中でも仕事モードで、「仕事と家庭の切り替えがうまくいっていない」ことが原因です。

仕事を家に持ち込むのは仕方ないと思います。残業禁止の企業、リモートワークも増え、どうしても家で仕事せざるを得ない状況もあるでしょう。

しかし、だからと言って、部下に接するように奥さまに接する。部下を教育するかのようにお子さまに「俺のいうことを聞いておけば良いんだ！」と言う。旦那さまに、「掃除の邪魔」「いつまでも寝てるな」「片付けくらいしろ」と接する。これでは家庭環境は良くなりません。

仕事を頑張るために、英気を養う「自分が帰る場所」である家庭は大切です。

ポイントは**「仕事と家庭との切り替えスイッチを持つこと」**。

スイッチがあるだけで、食事の時間、ゆっくりリラックスする時間、休日に出かける時間など、切り替えられるようになります。

仕事と家庭の役割は違うからこそ、両立させるためにスイッチを持ちましょう。

■友達は〝グチる〟ためにいるわけじゃない

役割の「どのような影響を与えるか」の視点は、プライベートでも同じです。

友だちは愚痴を言う、不平不満をぶつけるためにいるのではありません。

たまにはそんな時もあるかもしれませんが、本来望ましい友達との関係性とは**「お互いがお互いの刺激になり、ポジティブに影響し合い高め合っていく関係性」**です。

あなたが友達にどんな影響を与えていくかで、人間関係は変わり、その人間関係が人生の豊かさに大きく影響します。

ハーバード大学が1938年から約80年間、724名を対象に調査し続けた「幸福と健康の維持に本当に必要なものは何か」という研究結果に対して、この研究の4代目の責任者である心理学者のロバート・ウォールディンガー教授はこう言っています。

「75年間におよぶこの研究が明確に示しているポイントは、良い人間関係が私たちの幸福と健康を高めてくれるということです。これが結論です」。

人間関係とは、仕事、家庭、プライベートのすべてです。良好な人間関係が、豊かな人生を作るのです。

■人生の役割は、あなたの生き方のテーマになる

ここまで、仕事、家庭、プライベートと役割を分けるべき理由を話しました。

そして……**あなたが生きる上で最も重要なのは、あなたのメインの役割＝「人生の役割」**です。

人生の役割が明確になることで、

「人生で何を目指して生きるのか？」
「どんな人生にすれば良いのか？」

など生き方が決まります。

人生の役割と聞くと、壮大で仰々しく感じるかもしれません。「人生でどうなるかなんて、大袈裟なことは考えてない」「別に劇的なことは望んでない」とあなたは思うかもしれませんね。先にお伝えすると、「人生の役割」とは偉大な使命を背負うことではありません。

「人生の役割を明確にすることは、自分の人生のテーマを決めること」です。

あなたの人生はあなただけのもの。そして、人生のテーマは、あなたがどんな会社で働くか、どんな仕事をするか、どんな人と付き合うかなどすべての土台です。

「人生の役割」は、人生という大舞台で迷子にならないための、方向性であり地図なのです。

私たちは大海原にポツンと一人放り出されているようなもの。

「どこへ行くのか？」「何を手にするのか？」すべてを自分で決めていかなければいけません。

誰も答えを教えてはくれないのです。


先に書いたように、私のもとに相談にくる方は「今よりも人生を良くしたい」と漠然と思っています。

なんとなく日々悶々と過ごし、お金があれば良いのか、夫婦関係が良ければ良いのか、一体どうやったら今より人生は良くなるのかと悩んでいます。

行き先がわからなければ、地図は役に立たず、乗り物もわかりません。行動を起こそうにも何をどうしたら良いかわからないのです。

「人生の方向性」が定まらなければ迷いは当然です。

逆に、人生の方向性さえ決まれば、その先に広がるものはわからなくとも、地図を見て、乗り物を決められます。

方向性を決め、一歩一歩進むうちに、本当にたどり着きたい場所は見えてきます。

人生の役割を明確にし、ブレない自分軸を作り出す。今の時代は、正解を教えてもらうのではなく、自分の人生の答えを自分でつくる力が求められているのです。

未来を自分で切り拓く力

２０２０年は教育改革の年と言われ、小学校での英語教育やプログラミング教育、大学入試の変更など多くの改革がありました。

キャシー・デビッドソン氏（ニューヨーク市立大学大学院センター教授）によると、現在の子どもたちの65％は将来、今は存在していない職業に就くとの予測がされています。さらに、マイケル・オズボーン氏（オックスフォード大学准教授）によると、現在存在している半数近くの仕事が今後10年〜20年程度で自動化、機械化される可能性があるとします。

また、文部科学省「2030年の社会と子どもたちの未来」には次のように記されています。

①社会や世界の状況を幅広く視野に入れ、よりよい学校教育を通じてよりよい社会を創るという目標を持ち、教育課程を介してその目標を社会と共有していくこと。

②これからの社会を創り出していく子供たちが、社会や世界に向き合い関わり合い、自らの人生を切り拓いていくために求められる資質・能力とは何かを、教育課程において明確化し育んでいくこと。

③教育課程の実施に当たって、地域の人的・物的資源を活用したり、放課後や土曜日等を活用した社会教育との連携を図ったりし、学校教育を学校内に閉じずに、その目指すところを社会と共有・連携しながら実現させること。

私は、「自らの人生を切り拓いていくために求められる資質・能力とは何かを、教育課程において明確化し育んでいくこと。」の一文がすべてを語っていると感じます。

「自らの人生を切り拓いていく……」

私が子どものころは、こんなことは一切言われず、良い大学へ進学、大企業や優良企業への就職、安心・安定が重要な時代でした。

この変化をどうとらえるかは千差万別だと思いますが、私は「良い時代になった」と思います。なぜなら、自分で人生を切り拓くことで、結果的に自己肯定感の高い子どもが増えると思うからです。

とはいえ、子どもの教育だけが変われば良いのでしょうか？

子どもたちを育てるのは、今、大人である私たち。子どもたちは当たり前のように聞いてくるはずです。

「お父さんは、どうやって人生を切り拓いてきたの？」

「お母さんは、人生を切り拓くために何を考えていたの？」

実際にはこのような聞き方はしないと思いますが、どうやってこれまでの人生を生きてきたのか？　何を考えて生きてきたのか？　子どもたちに突きつけられる日も近いかもしれません。


あなたは、この問いに何と答えますか？

この問いの答えを持っているでしょうか？

それとも、「お父さん（お母さん）たちの時代は、そんなこと重要だと言われてこなかったから、考えてこなかったよ」と、答えるのでしょうか。

「人生を切り拓く」は、大人の私たちこそが今、考えるべきテーマでしょう。

■「自分の人生に責任を持つ」の意味

〝自分で人生を切り拓く〟とは、つまり他者頼りではなく、自分自身の足で立ち、責任を持って人生を歩むということです。

「自己責任」という言葉で印象的なのは、2001年内閣総理大臣に就任した小泉純一郎元首相でしょう。「自分の人生に、自分で責任を持つ」という流れは、今から20年以上前から始まっていたのです。

国や会社はあなたを守ってくれません。国は人生の方向性を示してくれませんし、会社はあなたの人生を保証してくれません。終身雇用はとうの昔に崩壊し、会社のために汗水垂らして働いても、新型コロナの影響で職を失った人がいるように、いつリストラにあうかはわかりません。諸外国の政治家、経済学者、投資家の中には、「日本は終わった」と言っている人もいます。

そんな日本で、私たちは毎日を生きて、大切な人を守らなければいけません。

誰かに頼るのではなく、自分の力で進むのです。

「人生の役割」は直接的な解決策ではないですが、役割を見出したら、情報に惑わされず自分に必要なことを見つけられます。

なぜなら、「何の仕事をすれば良いか？」という手段ではなく「今、自分がやっていることを通して人や社会にどんな影響を与えていくか？」という本質的な問いへの答えを持っているからです。

もし今、あなたのやっていることに、あなたである必然性がないならば、先々、機械に代替えされる可能性が高いです。その時、初めて危機感を持つのでは手遅れです。

今一度しっかり考えましょう。あなたは世の中が便利になるためのツールですか？**「代わりはいくらでもいる」そんなはずはないのです。あなたにはあなただけに与えられた何かがあります。**

あなたのやっている作業は、ひょっとしたら機械ができるかもしれません。でも、作業、タスクとしての役割ではなく、**「どんな影響を与えるか？」という部分は、あなたがやるべきことであり、あなたにしかできないこと**です。

仕事、家庭、プライベートすべてを含め、あなたが人生を賭して果たしていくもの、それがあなたの人生の役割であり、あなたの集大成なのです。

第1章のまとめ

- 肩書きや仕事ではなく、人には「役割」が必要。
- 仕事は、役割を果たすための手段。
- 役割を明確にすることは、「自分が周りにどんな影響を与えるか」を決めること。
- 自分の与える影響を見直せば、自分が望む人間関係を構築できる。
- 影響は、時を超えて作用する。
- 重要なのは、自分の与える影響をコントロールすること。
- 影響を「受ける側」ではなく、「与える側」に回れば、人間関係の疲れはなくなる。
- 人生の役割が明確になると、「自分の軸」「人生のテーマ」が決まる。
- 役割を見つけることは、自分の価値に気づくこと。
- 仕事、家庭、プライベートと、人生の役割を持つ。
- 「自らの人生を切り拓く」意識こそが、今後の日本の大人、子どもたちの課題。

第2章

自分の行いすべてを愛する方法

「充実した1日」を送っていますか？

前章で「人生の役割はあなたの人生のテーマだ」とお話ししました。

あなたの人生の主人公はあなた。自分で決め、自分の足で歩んでいく。

とはいえ、根本的な疑問が残ります。

「そもそも、私たちは何のために生きているのか？」ということです。

この章では、私が28年間、自分自身に問い続けて見つけた私なりの答えを、あなたにお話しします。


突然ですが、仕事、家庭、プライベートと慌ただしい日々の中、**「あなたの毎日は充実していますか？」**と聞かれたら、あなたはどう答えますか？

日々の充実感はあるでしょうか？

1日を終える時、

「あぁ、今日も本当に良い1日だった」と思えるのか？　それとも、やることが多過ぎて、「やっと1日が終わった……」なのか？

どんな気持ちになるでしょう？

1日が始まる朝は、

「よっしゃ！　今日も1日が始まった！」と明るく前向きな気持ちなのか？「あぁ、また1日が始まった……」と憂鬱な気持ちになるのか？

あれこれとやることに追われ、あっという間にお昼、夕方、夜。1日が終わる。

もしそうなら、やはりあっという間に1年2年が経ち、気がつけば30歳、40歳、50歳。鏡に映る自分の姿は疲れて見えて、髪は白髪混じりに……

そうしてそのまま人生を終えるとしたら、ゾッとしませんか？

いったい自分は何のために生きているのだろう……。

人は、何のために生きているのか？

ここで先ほどの問いを思い返してみてください。

私たちは、何のために生きているのでしょうね。

私の中でこの疑問が生まれたのは高校2年生の時。

クラスメイトが病死したのをきっかけに、生きるとは何か？　人生とは何か？と、深く考えるようになったのです。

「一体、何のために生まれてきたんだろう？」

同級生が大学入試の勉強やスポーツに明け暮れる中、私は自分の生まれてきた理由を探していました。


ちなみにあなたは〝自分が生まれてきた意味〟について、考えたことがありますか？

働いてお金を稼ぐため？　子を育てるため？　ご飯を食べるため？　家賃やローンを払うため？

……これらもたしかに生きていく上で必要なことですが、そんなことだけのために生きるというのは、あまりに悲しいと私は思います。
・自分らしい人生を生きたい。
・もっと自分を好きになり、自信を持ちたい。

・自分で稼げるようになり、一度きりの人生を思いっきり楽しみたい。

私は仕事柄、そんな「自分自身をより成長させたい」「もっと人生を楽しみたい」と願う人とよく関わりますが、**皆が口を揃えて「幸せになりたい」と言います。**

生まれてきた理由は、幸せになるため？

たしかにそうかもしれません。

では、あなたにとって〝幸せ〟とは、一体何でしょう？

■果てなき「ないもの思考」

人は自我の目覚めと共に、他人との比較の人生が始まります。

「○○くんは足が速くていいなぁ」

「○○ちゃんはピアノもお絵かきも上手だ」

「それに比べて僕（私）は、走るのが遅い」

「それに比べて僕（私）は、ピアノも絵も苦手」

子どものころから現在まで、あなたも気づけば「誰かとの比較の世界」で生きています。

「幸せになりたい」という思考は、常に「幸せになれる要素」を探します。**自分に足りないところ、自分にないものを探してばかりの、まさに、「ないもの思考」**です。


「もっと収入があったら幸せになれるのに」

「旦那さん（奥さん）が、○○をしてくれたら幸せになれるのに」

「家がもっと大きかったら幸せになれるのに」

「自分に合う仕事に就けたら幸せになれるのに」


こうした願望には、実は大きな問題があります。

「収入が上がれば幸せになれる」と思った……そして実際に収入が上がったとしましょう。たしかにその瞬間は、安心感、幸せを感じます。

しかし、その状態が1年2年と続くと、「もっと欲しい」（もっと収入を上げたい）となりませんか？

引っ越したら、家を建てたら、海外旅行に行けたら……幸せだと思えることも、一度手に入れると〝幸せを感じるアンテナ〟はさらに高くなります。一時的な幸せは味わえても、それに慣れると物足りなくなるからです。

「収入を上げるなんて意味がない」「引っ越しをしても仕方がない」ということではありません。

「〇〇だったら、もっと幸せになれる」という思考そのものが問題なのです。

幸せになりたいのに、なれない人たち

「幸せになりたい」は、逆に言えば「今は幸せではない」ということです。

では、あなたが幸せではない理由は何でしょう？

住む家も、食べ物もある。戦争に怯えず、会いたい人に会える、仕事相手とは家に居ながらZoomで話せる。YouTubeで発信することも、BASEで自分の商品やサービスを販売することもできる。クラウドファンディングを活用して、新しい事業を始

めることだってできる。

これだけ恵まれているにもかかわらず、「幸せになりたい」とは、どういうことでしょう？

あくまでも私の考え方ですが、**幸せとはそもそも「なる」ものではなく「見つける」もの。「感じる」ものであり、「広げていく」もの**です。

幸せは目の前にたくさん転がっています。したがって、「幸せになるために生まれてきた」という哲学は、私の中ではすでにありえません。だって、生まれてきただけで幸せなんですから。

どれだけの競争を勝ち抜いて、この身を持てたのか。

その喜びにまずは気づいてほしいのです。

■ 生まれてきたことを、心から喜ぶ

私は以前、仏教を学んでいましたが、そこでは「生まれてきたことをまず喜びなさ

い」と教えられました。

源信僧都の横川法語の言葉に、次のようなものがあります。

「まず三悪道を離れて人間に生まるること、大きなるよろこびなり。身は卑しくとも畜生に劣らんや、家は貧しくとも餓鬼にはまさるべし。心におもうことかなわずとも地獄の苦にくらぶべからず。」

『三悪道』とは、畜生・餓鬼・地獄という苦しみの世界を指します。「畜生」は弱肉強食の世界、「餓鬼」は嘔吐物《おうとぶつ》や汚物を食し、食べても食べてもお腹がいっぱいにならない満たされない世界、「地獄」は怒りに燃え、身は引きちぎられる苦しみの世界です。

「どれだけ卑しい身分に生まれても、生まれた環境が悪くても、餌を奪い合い、いつ食われるかわからない動物や昆虫の世界よりはマシだろう。

どれだけ家が貧乏でも、餓鬼のように汚物を食べることはないだろう。

どれだけ思うように生きられなくても、地獄で受ける苦しみよりはマシだろう」

このようなニュアンスです。

三悪道の世界なんて行ったことも見たこともなく、ピンと来ないかもしれませんね。でも、〝動物や昆虫の世界〟は、身近に感じられますよね。

いつ食われるかわからない世界に生まれるより、人間として生まれた方がありがたいと私は思います。

生まれてきただけで「幸せ」なはず。このことを、私たちはいつからか忘れてしまいました。いいえ、忘れたのではなく「考えてこなかった」のかもしれません。

それでもまだ、「幸せになりたい。」と願うのであれば、感謝の心を忘れないことです。もしあなたが今、幸せじゃない、不幸だ。と感じるのであれば、それは感謝の心を忘れてしまい、「当たり前精神」に支配されているためです。

「ありがとう」の対義語は「当たり前」です。仕事があるのは当たり前ではありません。お給料をいただけるのも当たり前ではないのです。

私たちは「誰かのお陰」で生きていくことができています。

些細なことでも構いませんので、日々感謝の心を持つように意識してはいかがでしょうか？

きっと「幸せ」が見えてくるはずです。

私たちは「役割をまっとうするために」生きている

話を戻しましょう。

高校生のころから考え始めた、「何のために生まれてきたのか？」の答えを探すために、私はあらゆることにチャレンジしました。

そして見つけた答えが、

「自分の役割をまっとうするために生まれてきた」

というものです。

「あなたにしか、できないことがある」

この言葉は、株式会社OnLine代表取締役、白石慶次氏のメッセージです。人生のドン底の時、私は白石氏からビジネス、生き方や在り方、自分の活かし方を学びました。

そして、「あなたにしか、できないことがある」という言葉に出会った時、私がずっと問い続けてきた「何のために生まれてきたのか？」の答えが見つかった気がしたのです。

「私にしかできないこと＝私の役割」

と結びついた瞬間でした。

「そうか！　一人ひとり、何かしらの役割があって、その役割をまっとうするために、様々な経験をし、いろいろ人と出会い、影響を与え合っているのか！」

これに気づいてからは、自分の役割を見つける方法を試行錯誤しました（その結果が、本書の第5章で紹介するワークです）。

自分の役割をまっとうすることが、結果として「生きている実感」につながり、「あなたでなければならない理由」につながります。

・「何のために生まれてきたのか？」という問いを持っている。
・何となく充実感のない毎日を過ごしている。
・自分の人生なのに、受け身の姿勢で生きていると感じる。

あなたが以前の私と同じようにそう感じているならば、その答え、解決策は、**あなたの「人生の役割」が教えてくれる**はずです。

自分の評価を、他人任せにするな

一人ひとりが必ず持っている、生きる目的「人生の役割」が見つかれば、人生の方向性、テーマが決まり、迷いなく充実して生きられる……。

ここからは、私の経験談も交えながら、人生の半分とは言わないまでも多くの時間を費やす「仕事」と「人生の役割」について考えます。

仕事とは、「誰かと関わること」であり、時に「大きな充実感をもたらしてくれるもの」。

あなたは、どのような思いで仕事に臨んでいますか？

7年間、5000人の方のお悩みを聞く中で、自分の人生に物足りなさ、迷い、疑問を持っている方の共通点がわかりました。

そうした方々は、**自分のやっていることに、確信を持てていない**のです。

「これで良いのかな？」

「このままで良いのかな？」

人生の充実感は自分がやっていることへの誇り、確信から生まれます。逆に、人生の物足りなさ、迷いは、日々の自分の行為への確信のなさが原因です。

そして、もし今あなたが、自分のやっていることに確信を持てないとしたら原因は、「自分のやっていることの評価を、誰かに委ねている」ということです。

評価の意識は大切ですし、評価を無視して働いても良い仕事はできないでしょう。

しかし、それが行き過ぎると「人からの評価がすべて」と、人からの評価でしか自分をはかれなくなります。

さらに、「評価をもらえない＝自分には価値がない」という図式になり、常に人からの評価を気にし始めます。これが、自分のしていることに対する疑問を生み、人生に迷い、悩みを持つ原因です。

大切なのは、たとえ誰からも評価を得られなくても、「よくやった」と自分で自分を認めてあげられるようになること。さらに重要なのは、「自分の行いを愛せるようになること」です。

■「自分の行いすべてを愛する」こと

「愛することのできる自分の行い」とは何でしょう？

ボランティア、安全運転、道端のゴミを拾うこと……？

いいえ、そうではありません。私はここで「善人になれ」と伝えたいわけではありません。「自分のすべきことはこれなんだ」と自分のやっていることに対して確信を持つ重要性をお伝えしたいのです。

「誰になんと言われても、これが自分のすべきこと」という確信があれば、自分の行いすべてを愛せるようになります。

この「すべきこと」とはつまり、**人生の役割に沿った行動**です。

あなたにも、ワークを通して「人生の役割」を見つけてもらいますが、イメージしやすいように、先に私の役割をご紹介しますね。

【自分を表現することであり、味方であり、信じることであり、「諦めなければ（生きていれば）必ず道は拓ける」「豊かさと愛の両方を手に入れることはできる」というメッセージを届けること】

これが私の役割、そしてすべきことです。

仕事、家庭、プライベートすべてで、私はこの役割をまっとうすることを考えます。

（ですから、本書においても、私はあなたの味方であれるように強く思い、あきらめなければ道は拓けると少しでも伝えられるように願いながら筆を進めています。）

■仕事は人生を豊かにはしてくれない？

「すべきこと」という言葉で、「仕事」を思い浮かべる人は多くいます。

もしかしたらあなたも、仕事で成果が出れば、あるいは職場が変われば人生が良くなると思ったことがあるかもしれませんね。

しかし残念ながら、どんな仕事であっても、どんな職場であっても、今のあなたが仕事に関して持っている問題は解消されず、いずれ同じ問題が起きます。

その理由は、**「仕事は、あなたの人生を良くしてくれるものではない」**からです。

語弊があるかもしれませんので正確に言うと、「仕事自体は、直接あなたの人生を良くしてくれるものではない」のです。

総務省の転職者状況についての労働力調査によると、２０１９年に転職した就業者は351万名。ここ数年の転職率は緩やかに増加し、調査が始まった2002年以来最多になったとのことです。

令和2年、厚生労働省が実施した転職者実態調査によると、転職理由で多いのは、「賃金が低い」などの給与面や「業務内容に対する不満・不安」。「今の仕事にやりがいを見出せない」というネガティブなものから、「今よりも難易度の高い業務に携わりたい」「別の仕事内容に挑戦したい」といったポジティブなものまであります。

「今の仕事で、存分に自分を活かせている気がしない」

そう思って、転職活動をされる方も多いようです。

この気持ち、なんだかわかる気がします。

私は就職活動、転職活動も経験がないので、まったく同じ気持ちかはわかりかねますが、私自身、音楽業界、美容業界、飲食業界、営業など、自分で言うのもなんですが幅広く活動をしてきました。転々とした理由は、「今の仕事で、存分に自分を活かせていない」と感じ続けていたからです。

まともに就職したのは21歳。美容業界で営業職に就いたときでした。

最初のうちは初めてのことが多く新鮮で楽しめたのですが、1年、2年、3年と時が経つにつれ、「俺が本当にやりたいことって、これなのか？」と疑問を抱くようになりました。

最初は、営業成績が上がらず肩身の狭い思いをしていたせいもありますが、25歳くらいからは数字も出し、収入もあり、部下を育てる立場になっていたにもかかわらず、どこかで、**自分の輝ける場所はここではない**と感じ、自分を活かせる仕事を探していました。

25歳当時の私は資格、経験、知識、技術などは何もなく、あるのは営業スキルのみ。仕事を探そうにも、この状態では思い当たる節もなく、「このままこの仕事を続けるのか……」と考えていました。

もしかしたら、これを読んでいるあなたも、私と同じ気持ちで働いているかもしれませんね。

「このままで良いのか？」の問いの答えは、「仕事」が解決してくれる。

私も当時はそう思っていました。しかし、この考えは間違いです。

結論から言うと、**「仕事が人生を変えてくれることはない」のです。仕事はあくまでも「手段」であって、解決策にはなりません。**

どんな職に就いても、「人生の役割」が明確でなければ、また同じように「この仕事で良いのか？」という疑問が脳内にまとわりつきます。

あなたも、かつての私のように「今の仕事に確信が持てない」「もっと自分を活かせる仕事がある」と思い、転職を考えているかもしれませんが、私の体験談を聞いてから、身の振り方を考えてはいかがでしょうか。

私はその後、その状況を打破すべく、大きく仕事を変えたのですが、結局同じ壁にぶつかり、人生の迷子になってしまいましたから……。

■「自分にしかできない仕事」でも続かない理由

私はある時、営業職を思い切って辞め、実家の飲食店を継ぐという大きな決断をしました。

飲食店の仕事を始めた当初は毎日が刺激的でやる気に溢れ、それはそれは楽しい日々でした。

業績は赤字続き。資金繰りに必死になっていても、「自分にしかできないこと」をやっていると思えていました。

実は私には、飲食店をやる理由が明確にあったのです。

「じいちゃんの味を守りたい」

この思いこそが、私が飲食へと足を踏み入れた理由でした。

料理が好きだったわけでも、料理人に憧れていたわけでもありません。「じいちゃんの味を守りたかった」たったこれだけが私にとってはこれ以上ないほど強い思いをともなう、「この仕事をする理由」でした。

ところが、やはり3年くらい経過したころでしょうか。私は再び迷っていました。

「どうしていけば良いんだろう……」

この先お店をどうしていきたいかという思いが見つからず、仕事のビジョンが見えなくなりました。

私が守りたかったじいちゃんの味は、それなりに受け継ぐことができ、お店も徐々に活気が戻り、TVや雑誌の取材を受けるなどして、売上も少しずつ回復。

ただ、「この先どうすれば良いか？」という明確なものがまったく見えてこなかったのです。

「時代的にネット通販を始めるべき？」と考え、総額1000万円ほどの設備投資をして、餃子を包む機械と急速冷凍機を導入。餃子のネット通販事業を始めました。

しかし、これが大失敗。売上はまったく伸びず、リース料の返済だけが重くのしかかり、一気に業績が悪化。その後も餃子の屋台、卸、物産展、冷凍食品販売などあらゆるチャレンジをしましたが、どれもが失敗に終わりました。

すべてが負債となり、6年でお店は廃業。私は34歳で仕事なし収入なしになってしまいました。

■「人がいない思い」の果てにあるもの

失敗の原因は、私の経営に関する勉強不足にもあります。

しかし、そもそも私の目的にも問題があったのです。

「じいちゃんの味を守りたい」という強い思いはありました。でも、「守ってどうするか？」の答えを持っていなかったのです。

何かを始める、挑戦する時、「自分の思い」は非常に大事です。「思いがあるから頑張れる」という経験が、あなたもきっとあると思います。

ところが、私のこの思いには**「自分以外」が入っていなかった**のです。


「じいちゃんの味を守ってどうしたかったのか？」

「誰かに喜びを提供したかったのか？」

「誰かに感動を提供したかったのか？」

「誰かに家族だんらんを提供したかったのか？」

「誰かに健康を提供したかったのか？」

「世の中や人に対して、何をしたい」という目的がまったく入っていない、独りよがりの思いでした。


結局、私の「役割」は明確になっておらず、じいちゃんの味を守るどころか、30年以上続いたお店を6年で廃業させるという結果に終わりました。

自己肯定感のためでなく、役割が仕事とつながる時

「役割」は独りよがりのものでなく、必ず誰かの力になるものでなければなりません。

そもそも、私たち人間には、「人に喜ばれたい」「誰かの役に立ちたい」という本能、欲求があります。

あなたは、今、自分のやっていることが「誰の役にも立っていない」としたら、どのような気持ちになりますか？きっと良い気持ちではないと思います。

ただ一方で、「誰かの役に立ちたい」本能は、自己肯定感を低くし、自分の行いを愛せなくなる原因にもなります。

理想は、**「結果的に誰かの役に立つ」**こと。

「ねばならない」という義務感ではなく、あくまでも自然体で誰かの役に立つこと。

また、人にどんなに良い影響を与えても、無理をしている、不健康になる、自分らしく輝けていないなら、良い役割とは言えません。長続きせず、かえってプレッシャーになってしまったら意味がないからです。

本書でお話ししている**「人生の役割」を見つけることは、結果的に誰かの役に立つという理想的な姿を導き出すこと**でもあります。

「役割」は自分だけで完結するものではありません。「人や社会にどんな影響を与えていくのか？」です。

私たちは1人ではなく、人、社会と絶妙なバランスを保ち、お互いに影響を与え合って生きています。

「じいちゃんの味を守りたい」は私の〝役割〟ではなく、〝仕事〟でした。

お店を続けるのですから、料理を提供するのは当たり前。お店の味が変われば、お客さまは来なくなるので、お美味しい料理を提供するのも当たり前。つまり、「お店の味を守る」は、最低限の仕事でした。当時の私は、それにまったく気づかず、味を守ることだけに一生懸命だったのです。

その先に何があるか、その先でどうしたいかを、もっと深く考えるべきだった。

今、振り返れば、それがよくわかります。

■人生の役割の先に「あなたにしかできない仕事」がある

さて、昔話はここまでです。

現在の私の仕事は、セミナー講師であり、会社経営者として代表取締役という肩書きもあります。さらにこの本で「著者」という肩書きも加わりました。

このように仕事、肩書きが変わっても、私の行いは一貫しています。

「76ページに挙げた自分の役割をまっとうすること」が私の行いです。

ここまでの話であなたも気づいたと思いますが、役割は仕事に依存しません。仕事は変わることがあり、いつか引退しますが、人生は続き、人とは関わり続けるのです。

あなたの「人生の役割」は、仕事に偏ったものでは意味がありません。人生を通してまっとうするものを見つけるのです。

安易な転職も、お勧めしません。転職理由が私と同じように「自分の思いだけ」の可能性があるからです。

・もっとこんな仕事をしたい。
・新しいことにチャレンジしてみたい。

・もっと給料など条件の良い会社に勤めたい。

これらの理由が悪いわけではありませんが、この理由だと2年、3年経った時、同じ思いになり、同じことを繰り返す可能性が高いでしょう。

「人生の役割」を見つけ、今の仕事でそれがまっとうできるか考えた結果、転職がベストならば、転職するのも良いでしょう。

ただ逆に、もしかしたら「今の職場を辞めたい」と思っているあなたも、役割が見つかれば、今の職場でも十分に活躍することができるようになるかもしれません。

根底にある役割を知り、自分以外の思いを持ち、仕事をすること。

「結果的に誰かの役に立つ」という理想の姿に向かうこと。

人生の役割を知ることは、あなたの仕事に対する考えを根本的に変えることでもあります。仕事を含め、自分の行いに確信を持ち、行いすべてを愛することができるようになる鍵は、第5章で一緒に見つけるあなただけの「人生の役割」です。

第2章のまとめ

・「幸せになりたい」は足りないもの探しの「ないもの思考」。
・そもそも、生まれてきただけで「幸せ」なことを、私たちは忘れている。
・「私たちは何のために生きているのか?」の答えは、「役割をまっとうするため」。
・自分の役割をまっとうすることが「生きている実感」につながる。
・自分のやっていることに確信を持てない原因は、「評価を他人に委ねていること」
・誰からも評価を得られなくても、自分を認め、「自分の行いを愛せる」ことが重要。
・仕事は「手段」、直接人生を変えてくれることはない。
・「役割」は独りよがりでなく、誰かの力になるものであるべき。
・自然体で、結果的に誰かの役に立つのが理想の姿。
・「人生の役割」は、仕事に偏ったものではなく、人生を通してまっとうするもの。

第3章

あなたの過去は宝の山

人生の役割のヒントは過去にある

ここまでお読みいただき、人生の役割がわかれば、仕事を含め、人にどんな影響を与えるかが決まり、軸が定まり、迷いがなくなることがおわかりいただけたと思います。

この本の冒頭で紹介した、野球選手になることではなく、夢を与えることが役割だったと気づいた彼の話、そして私自身の話からあなたも気づいたかと思いますが、役割を明確にする過程では「過去を見つめる」というプロセスが必要です。

そう、**あなたの役割を見つけるヒントは、あなたの「過去」に隠れています。**

しなくてもよかったと思うような体験、人生を変えるような経験などを通し、自分が大切にしたい価値観に気づき、夢や希望を持ち始めます。ただ、中には、過去の体験を通して夢や希望がなくなった方もいるかもしれません。

あなたにも多かれ少なかれ、「もしもあの時こうだったら……」「もしあの時○○すれば……」「あの時○○しなければ……」と後悔していることがありませんか？

この章では、役割を見つけるにあたって大切な「過去の体験のとらえ方」について話します。

失敗のない人生なんてない

あなたは、自分がこれまでに遭遇した出来事に〝ポジティブな意味付け〟をしていますか？　それとも〝ネガティブな意味付け〟をしていますか？

両面あるとは思いますが、ポジティブとネガティブでトータル１００としたら、割合はいかがでしょうか？

ネガティブなものは、意味付けを改善する必要があります。なぜなら、ネガティブな意味付けには、自己否定、罪悪感があなたの中に宿っている可能性があるからです。

自己否定をしているなら、「私は価値のない人間だ」と思っているかもしれません。

罪悪感を抱えているなら、「私は幸せになってはいけない」と思っているかもしれません。

この状態で役割を探すと、「罪滅ぼし」になります。せっかく役割が見つかっても、過去の精算のために生きることになり、人生が充実することはありません。

そもそも、人はなぜ過去にネガティブな意味付けをするのでしょうか？

2020年、とある企業が、30代以上の女性を対象に「人生の後悔」に関するアンケートを実施した。結果、「後悔している」の回答が全体の72％にのぼり、「何に後悔しているのか」の問いでは「勉強」に関することが多くの割合を占めました。つまり、「もっと勉強しておけばよかった」という後悔です。

大学進学をしていない私からしてみてもわからなくはないですが、この結果を見て、私は「非常に問題だな」と感じます。

問題視しているのは、勉強をしておけばよかったかどうかではなく、「人生に後悔している人が、30代にして72％もいる」という事実です。

後悔は、時間を過去でストップさせたままにします。

考えてみてください。

失敗のない人生なんてありえますか？

誰も傷つけず、親の言うこともすべて聞き、何の問題もなく、今日まで生きてきた人はいません。

私たちは、そんなに上手に生きられる生物ではありません。

勉強や仕事をしなければならないとわかっていても、友だち付き合いを優先し、恋をし、お酒を覚え、過ちを犯し、世間知らずによる間違いを犯し、遊びに夢中になったこともあったでしょう。

その一つひとつの体験を通し、あなたは今日まで成長し続けているのです。

これまでの人生がどうであろうと、あなたには価値があり、これまでの人生にも大きな価値があるのです。

■人が後悔をしてしまうメカニズム

とはいえ、「そうですね、後悔はしないようにします」とはならないのが人間です。特に、後悔は〝感情〟なので、簡単には割り切ることはできないでしょう。

そもそもなぜ人は後悔するのか？「後悔」という感情の正体とメカニズムを説明しますね。

まず、後悔は「過去に対して持つ感情」だということを理解しましょう。

「昨日こうしておけば良かった」といったように、時間が経ってから、過去の自分の言動や行動や思考に対して感じるものです。後悔しているのは〝今〟でも、「過去の出来事」に対して生まれているものなので、**「〝今〟何かが起こっている」と思うのは錯覚**。過去にとらわれているだけです。

「後悔のない人生を送りたい」と思っているのに後悔する理由。それはずばり「自己成長しているから」です。

自己成長といっても別に大きなことではありません。日々、ちょっとした学び、気づきを得るたびに、**過去の自分に「物足りなさ」を感じる**のです。

過去に見えなかったことが見え、思いつかなかった発想が浮かぶからこそ「あの時、こうすれば良かった」「こうしなければ良かった」などと思うのです。

つまり、**後悔という感情を引き起こすのは、自己成長**なのです。

「わかってたんだけど」の嘘

もし、5年後のあなたが今のあなたを見たらどう感じると思いますか？

きっと、自分自身に何らかの物足りなさを感じるのではないでしょうか？

では、今のあなたは何も考えずに生きているのでしょうか？

いいえ、そんなはずありません。

毎日、自分なりに一生懸命に生きている。

色々なことを散々考え抜き、一番良いであろう選択をしているはずですよね？

たとえ若干の迷いがあったとしても、最終的にしたその選択は、精一杯の自分なりの答えだったわけです。

後になって、「やっぱりこうなったか……」と思っても、その時はそうなるよりも、ならない可能性に賭《か》けた。それが、最善の答えだったのです。

これを認めない限り、人生は後悔の連続です。


「わかっていたんだけど、やってしまった」

「思った通り、失敗した」

「気づいていたけど、あえてそうした」


そんなこともあるかもしれません。

とはいえ、「わかってたんだけど」最終的にその行動をした。そう、**結局は「わかっていなかった」**のです。

もしかしたら、「やらずにする後悔よりも、やった後悔の方が良い」という考えで、行動したのかもしれません。でも、理由はどうであれ、**その時の最善の選択をしたことに変わりない**のです。

■「過去の選択はすべてベスト」と言い切れる理由

「頭ではわかったけど、後悔してしまう」
「過去への考えがなかなか変えられない」
感情まで含め、過去を認め、受け入れることは、言われてすぐできるものではないかもしれませんが、次のことを腑に落とせれば、心が軽くなります。

「自分の選択はすべてベストだった」

では、この考え方が必然だと感じてもらえるように根拠をお話ししますね。

前提として、時間は巻き戻せません。「もっとこうしておけば良かった……」という論理は、確認のしようがないため、そもそも破綻しています。時間を巻き戻してやり直せたら、別の選択肢の方が良かったかを検証できますが、「もっとこうしておけば良かった」は、あくまで想像です。実際はわからないのです。

たとえ過去に戻れてしっかり勉強をし、良い大学に入り、良い企業に就職しても、上司との関係がうまくいかないかもしれません。ライバルに出し抜かれて、辛い経験をするかもしれません。仕事仕事の毎日で、恋愛なんてできないかもしれません。

「あの時こうしておけば良かった」は、自分が勝手に作り上げた妄想に過ぎないのです。

当時、散々悩みに悩んだ結果、ベストだと思ってした選択と行動。思わずしてしまった行動や不意に言葉にしたことで大きく人間関係が変わってしまったことなどもあるかもしれませんが、それでも、それが当時のあなたの最善だったはずです。

「これまでいろいろなことがあったけど、いつもベストだった。本当によく頑張って生きてきた」と心から自分を認めてあげることが大切です。

いつまで自分を責めて生きるのですか？　いい加減、許しましょう。

そして、同じ過ちを繰り返さないためには、自己否定や後悔の念に縛られるのではなく、昨日よりも今日の成長に目を向けていくこと。そして、失敗を恐れずに前に進むこと。これに尽きます。

■「どうしようもない後悔」こそが財産に変わる

過去の自分を認めることは、実は「宝を見つけること」と同じです。

私は7年半前、投資話に乗って数百万円を失ったことが始まりで、4000万円の負債を抱え、人生のドン底に落ちました。

「あの時、あの話に乗らなければ……」

「なんであんなことをしたんだろう……」

「なんであんな奴を信じてしまったんだろう……」

何度も何度も思いました。

自分を責め、罪悪感に駆られ、精神的に自分自身を追い込みました。しかし、どれだけ悔いても、自分を責めても、何も戻りはしないのです。

ただただ、4000万円の負債をコツコツ返済する以外の選択肢はありませんでした。

そして時が過ぎ、**「あの時の自分は自分なりに精一杯考え、一生懸命生きた」**と、過去の選択と結果を受け入れられた時、その体験こそが財産だと気づき、苦難を乗り越える強さと自信を手にすることができました。

この経験のおかげで、「恥ずかしくて人に言えなかった失敗も、体験的財産となる」と人に伝えられるようにもなりました。また、「どれだけ人生が苦しくとも、人生を変えることができる」と強いメッセージを届けられるのも、この出来事のおかげです。

負債を抱えた体験を受け入れられなければ、いまだにそれを人に打ち明けることもできず、自分を責め、人のせいにしていたでしょうし、「こんな自分が人の役に立つなんてできない」と思い込んでいたでしょう。

あなたには、受け入れがたい後悔、失敗、いつまで経っても心に引っかかってしまうような経験はありますか？

「あの選択が、あの時の自分の精一杯だった」

こう思うと、誰かのせいにすることもなくなります。

逆に、**後悔するような体験こそが財産**です。そう思えるようになるための第一歩が、「受け入れること」です。

命尽きるまで、こだわり、挑戦し続けよう

あなたも、そして私も、これから先も後悔することはあるでしょう。

後悔をしたくない人はチャレンジをしません。失敗したら嫌だ、後悔したくないから、結論、何もしない。

人生に期待せず、こだわらず、行動を起こさず流されて生きれば、たしかに、大きな後悔はせずに済むかもしれません。

しかし、挑戦しない人生は、後悔もない代わりに、ただただ時間を浪費するだけで

す。

アメリカのとあるアンケートの結果によれば、死を目前にして思うことの1位は、「もっといろんなことに挑戦すれば良かった」とのことでした。

何もせず、最期の最期で「もっといろいろ挑戦しておけば良かった」と人生を終えたいですか？

あなたがあと何年生きるかは神のみぞ知る領域です。もしかしたら、明日かもしれないし10年後かもしれないし、30年、50年後かもしれない。

一つだけたしかなのは、必ず私たちの命が尽きる日が来るということです。

その時、「いろんなことがあったけど、この命を精一杯燃やして生きてきた」と胸を張って言える人生をつくっていきたいと思いませんか？

自分のものの見方にパラダイムシフトを起こすのです。自分の人生の役割に基づいて、充実した人生を送るのです。あなたにも必ずできます。

第一歩は、これまでの人生がどんなものであっても、精一杯生きてきたと受け入れる勇気を持つことです。

その勇気を持てた時、過去を認め、過去に眠っている宝に気づくことができるのです。

第3章のまとめ

- 人生の役割を見つけるヒントは、過去にある。
- ネガティブな意味付けの自己否定、罪悪感のままに、役割を決めてはいけない。
- これまでの人生がどうでも、あなた自身や、今までのあなたの人生には大きな価値がある。
- 後悔は、「過去の出来事」にするもの。「今、何かが起こっている」と思うのは錯覚。
- 後悔という感情を引き起こすのは、自己成長。
- あなたが最終的にした選択はすべて、精一杯の自分なりの答えで、ベストである。
- 「自分の選択はすべてベストだった」を腑に落とすことが重要。

第4章

潜在意識が導き出す自分の姿

■潜在意識があなたの行動を決めている

ここまで、役割の重要性、そして、役割を見つける大きな鍵となる過去に対する考え方をお話ししてきました。

この章では、**役割を見つけ、役割を生きるにあたって前提となる「潜在意識」の2つの機能「投影」「ホメオスタシス」**について話します。

人生の役割を見つけるワークのベースは心理学、潜在意識の働きです。

私たちの意識は、自分で認識できる顕在意識と、自分で認識できない潜在意識の2つに分かれます。

潜在意識は、オーストリアの精神科医　ジークムント・フロイトがヒステリーの症例を研究する過程で発見したものです。

私たちの意識は氷山の一角にたとえられることが多いものです。水面上が顕在意識、水面下が潜在意識というイラストをあなたも見たことがあるかもしれません。

潜在意識は、意識全体の95%以上を占めると言われます。つまり、**私たちは自分ではほぼ自覚せずに、物事に反応し、意思決定、行動を起こしているの**です。

人を通して、自分を知る「投影」とは?

潜在意識には様々な働きがありますが、自分の役割を見つける際は、「投影」という機能を活用します。

「ロールシャッハ・テスト」という、無意識を投影する性格検査を聞いたことはありますか?

抽象的な、インクの染みのような絵を10枚抽出、1枚ずつ見てもらい、「何に見えるか」「どんな風に見えるか」を話し、無意識レベルに働きかけ、パーソナリティの特性を調べます。

この検査で、「何に見えるか」などの感覚に、自分の持っている感性が表れるように、**私たちは、他人や物を通して自分自身を見ています**。インクの染みのような絵柄から感じたことを言語化することで、自分自身を知れるのです。

私たちは相手を見ているようで自分を見ています。「あの人は、私のことが嫌いだろうな……」と感じるのは、自分がその人を嫌いだからです。または、自分で自分の嫌いなところを相手に投影しているからです。

もしあなたが、誰かに嫌われていると感じたら、「どんなところが嫌われていそうか?」を書き出してみてください。書かれた内容は、あなた自身が自分について「嫌い」「嫌だ」と感じている部分ではないですか?

別のパターンで説明すると、自分自身の嫌いなところを相手に感じると、その人に対して苦手意識を持ったり、嫌悪感を抱いたりもします。

逆に、「あの人、もしかして私のこと好きなのかも?」も同じ原理です。自分が相手を好きな気持ちを、相手に投影しています。

相手に、自分を映し出す……。

あなたにも、思い当たる節はありませんか?

才能が興味を呼び覚ます

本書のワークでは、この潜在意識の「投影」の機能を用いて役割を明確にします。具体的には、子どものころに憧れた人、大人になってから影響を受けた人などが、あなたの生まれ持った才能、役割のヒントになるのです。

先ほど話したように、私たちは他人を見ているようで、その人を通して自分を見ています。

つまり、あなたが誰かに憧れることは、同じ才能があなた自身にも眠っている証拠です。その才能をすでに存分に発揮している人だからこそ、「いいな」と思うのです。

「憧れの人になんて全然似てないよ」
「才能がないからこそ影響を受けるし、憧れるんだよ」

もしかしたら、あなたもそう思うかもしれませんね。たしかに、最初はあまりイメージできないかもしれません。

この投影と才能については、仕事で考えるとわかりやすいでしょう。

あなたにはまったく憧れない、やってみたいとすら思わない、まったく興味のわかない職業はありますか？

私は子どものころ、役者、歌手、マジシャン、ダンサーに憧れたことはありましたが、消防士、電車、バスの運転手などにはまったく興味を示しませんでした。

でももちろん、逆の子どももいますよね？

親の教育も多少影響しますが、どれだけ親が教育をしたところで、興味のないものに興味を持たせるのは至難の技。

憧れる、興味を持つということはあなた自身の中の才能の投影。あなたにはその才能があるのです。

さらに言えば、「こうはなりたくない」も同じで、自分の中にその要素があるからこそ持つ思いです。

自分にまったくない要素に関しては、まず目に触れても記憶に残りませんし、興味も湧きませんし「知ろう」ともしないのです。

小学生の頃の話です。クラスメイトのO君はバスが大好きで、休み時間はよくバスの運転手の真似をしていましたし、バス停の名称も覚えていました。

その傍らで私は何をしていたかというと「どうやったら500円玉が手の甲を貫通するのか？」を必死で考え、ハンドパワーを上げるトレーニングをしていました。

この違いはなんでしょうか？

能力だとか知能、学力の違いではありません。「興味」の違いです。

そしてその興味は、自分の中に眠っている「才能」によって示されるのです。

役割を見つけることは言い換えると、「あなたの才能を見つけること」です。自分の才能を遺憾なく発揮する「人生の役割」という前提を持って生きることで、毎日の充実感が増していきます。

潜在意識の働き「投影」を用いて、才能を探し、自分の役割を見つけていきましょう！

「食べてはいけない」と思うほど「食べてしまう」わけ

先の話で、人の反応、行動は潜在意識が司ると、あなたもわかったと思います。次は、才能を見つける部分ではなく、役割を行動に落とし込む際にポイントとなる、潜在意識の「ホメオスタシス（恒常性維持機能）」という機能についてお話しします。

ホメオスタシスの機能は「保つこと」。この機能のおかげで、人は体温を36・5度程度に保てます。ホメオスタシスはこのように本来、汗をかく、筋肉を震わせるなどで、生命維持を目的として「保つ」反応を引き起こしますが、実は、心にもこの機能が働くのです。

たとえば、いつも居酒屋で生ビールを頼んでいたのに、ダイエットで一杯目をハイボールに変えたとしましょう。そうすると、心がザワザワし、落ち着かなくなります。

これは私の体験ですが、あなたも同じような体験をしたことはないですか？

いつもと違うことをすると、心理状態が異変を感知し、いつもの選択をするようホ

メオスタシスが働き始めるのです。

よくあるのは、「ダイエットをしようと思っても、ついつい食べてしまう」現象。頭では「食べてはいけない」とわかっている。「炭水化物を減らそう」「糖質制限をしよう」と意思決定をする。行動をコントロールして、白米を控えたり、ビールを飲むのをやめたり、お菓子を食べることを控えたりし始める。

しかし、数日は保てても、３〜７日経つころには、無性に白米を食べたくなり、ビールを飲みたくなり、お菓子を食べたくなり、せっかく頑張ってきたダイエットが続かず元の生活に戻ることがあります。

これこそが、潜在意識の「ホメオスタシス」による行動です。

「炭水化物を減らそう」「糖質制限しよう」は顕在意識での決意、変化で、潜在意識の変化ではありません。

意識全体の５％である顕在意識で、「炭水化物を減らそう」「糖質を制限しよう」とどれだけ頑張っても、95％の潜在意識には敵わないのです。

たとえるなら、５人対95人で綱引きをしているようなもの。勝てるはずがありません。

さらに、この潜在意識の思い込みは長年の蓄積で作られ、数日で変化が起きることはありません。毎日白米を食べていたなら、潜在意識には、「食事の時は、白米を食べる」とプログラミングされています。

ところが突然白米を食べなくなったら、潜在意識は「おかしいな？　白米を食べないの？」と働き始めます。

数日は我慢との戦いにおいて、食べたい気持ちはありながらも気合いや根性で避けられるでしょう。

しかし、3日経ち1週間経つころには、潜在意識は我慢できなくなり、「ちょっとだけなら良いか！」と白米を食べ始める。

そうすると、潜在意識は「これこれ！　やっぱり食事の時には白米でしょ！」といつもの感覚を思い出し、ダイエットが続かずいつもの生活に戻ります。

だから、**「本気でダイエットしたいなら、潜在意識から変えないと失敗する」**と言われるのです。

■「習慣化」の鍵は「ホメオスタシスへの勝利」

ダイエットの例でわかる通り、行動を変えるには潜在意識の「ホメオスタシス」をどう理解し、扱うかがポイントになります。

役割はただ、「見つけるだけ」「決めるだけ」では意味がありません。自らの行動、生活を役割に則って変えていくことで初めて人生が好転します。

後で詳しく話しますが、役割を見つけるステップでは、人生の役割を見つけた後の、「ステップ５：役割を行動に落とし込む（１５２ページ）」の段階でホメオスタシスの意識が大切になります。

役割は実生活の中で常に意識し、少しずつ「習慣化」させることで、初めて自分のものになります。役割からの行動の繰り返しで成長し、結果として夢が実現するのです。

・意識しなくても自然とやってしまう

・それをやらなければ落ち着かない状態になる

これが「習慣」というものです。

たとえば、朝起きて顔を洗う、歯を磨くことはあなたの習慣だと思います。いちいち、「顔を洗わなきゃ」「歯を磨かなきゃ」とは意識しないし、逆に寝坊をして、顔を洗わなかったり歯を磨かなかったりすると、落ち着かないはずです。

あなたも今までに、様々なことの習慣化にチャレンジしてきたことでしょう。早起き、読書、筋トレ、瞑想、食事制限……さて、いくつのことを習慣にできましたか？

顔を洗う、歯を磨くことを習慣化できたのは、幼少のころに覚え、「クセ」になったからです。

自我が目覚める前から当たり前なら意識せずとも習慣にできますが、大人になってからは意識しないと習慣は作れません。

習慣化には3週間～3ヶ月の期間がかかります。その期間、意識し続けることで、やっと潜在意識に変化が起き始めるのです。

禁酒も禁煙も3ヶ月までが辛いと言いますが、それくらいの時間を要しないと習慣にはできないわけです。

習慣化するまでの期間、それは〝ホメオスタシスとの戦いの期間〟でもあります。

私たちは人なので、どうあってもホメオスタシスからは逃れられません。新たな習慣を作ろうとすればするほどホメオスタシスは強烈に襲ってきます。

この戦いに勝利し、新たな習慣を身につけていく秘訣を、これからお話しします。

■ 習慣化の4つのプロセス

行動を習慣にするためには、ホメオスタシスとの戦いに勝つことは必須です。そこで、潜在意識が司るホメオスタシスに変化を起こすための具体的な方法を4つ紹介します。

①脳内言語を変える
②イメージの力を使う
③振り返りシートの活用
④自分を褒める

この心理学に基づいた4つのプロセスを実践することで、ホメオスタシスからの抵抗を最小限にして、スムーズに役割を習慣化できます。

■習慣化のプロセス1　脳内言語を変える

私たちは常に、言語を使って思考、イメージしています。

たとえば、「明日、何をしようかな」とふと考えたとしましょう。この時点でまず言語を使っています。

「明日」というワードで、翌朝をイメージ、翌日が仕事なら、職場の風景が浮かび、同僚の顔やクライアントの顔が浮かびます。休みの日なら、ゆっくり起きるイメージをするでしょう。

この時点で、思考は「明日」へタイムスリップしています。これは〝言語化されたイメージ〟の世界です。

そして次の、「何をしようかな」というワードで、自分が普段やっていることが浮かびます。

休みの日なら、「映画を見にいこうか」「買い物に出かけようか」「家でゴロゴロしようか」など「何かをしている自分の姿」をイメージします。

注意すべきは、〝イメージの世界の自分はこれまでの自分である〟ということです。

今までのイメージの世界にメスを入れる方法

ホメオスタシスは、新しいことをした際、今までの状態に戻そうとする機能。これまでの自分と違うことをしようとすると、違和感があるのは、これまでの自分でイメージの世界をつくり上げているからです。

ここにメスを入れましょう。具体的には**「言語を変えて、イメージの世界に変化を**

起こす」のです。

先ほどの例では、「明日、何をしようかな」という言葉に問題があります。

なぜなら、この言葉はフリーイメージとして、これまでの自分で世界をつくってしまうのです。これでは、変わらない日常が繰り返されます。

行動を変えようとしてもうまくいかないのは、考え方、思考が変わっていないからです。一時的に変えることができても、継続は難しく、途中でやめると、今度は自身の人間性への信頼が下がり、自己肯定感が下がります。

「行動から」ではなく、「使う言語から」変えるのです。

具体的には、

「明日何しようかな」から、「明日は誰を支えようかな」に言葉を変えます。

「誰を支えようかな」の部分は、

「誰を励まそうかな」

「誰を応援しようかな」

「誰を喜ばせようかな」

など、あなたの役割に合わせて変えてください。

まずは、**脳内言語に必ず自分の役割を入れる**ことから始めます。

私たちは毎日3～5万回の思考をし、それと同じ数だけ自分に質問をします。言語を変えることは、思考を変えること。自分自身への質問を変えることです。質問が変わると、当然答えが変わります。それが行動に変化を起こし、結果に変化を起こすのです。

脳内言語が変われば、人生は変わります。まずは、自分が使っている言語に意識を向けましょう。

余談ですが、言語の力を理解することができれば、ネガティブな人はいないとわかります。

ネガティブな人は、常にネガティブな言語で思考しているせいで、心の状態がネガティブなだけです。

「ネガティブ」の正体は、言葉です。性格ではありません。

脳内言語をポジティブなものに変えるだけで、心の状態が変化し、性格が変わります。もし、あなたがネガティブ思考で悩んでいるなら、脳内言語をポジティブなものに変えてみてください。

習慣化のプロセス2　イメージの力を使う

イメージの力を利用することで、脳幹網様体賦活系を刺激し、ふさわしいイメージをキャッチします。

心理学に「カラーバス効果」というものがあります。有名なので知っている方もいるかもしれませんが、ここでテストをしてみましょう。

まず30秒間、部屋を見渡して赤色のものを数えてください。

さぁ、赤色のものは何個ありましたか？

では、青色のものはどんなものがあったか、教えてもらえますか？

きっと答えられないと思います。

これがカラーバス効果。脳幹網様体賦活系の働きで、自分が意識したものをキャッチアップし、それ以外のものが削除されます。

車を買うことが決まったら、自分が購入する車種を目にするようになる、健康を意識し始めると健康診断という言葉を至るところで目にするなどもこのためです。

そして、イメージも言語でコントロールできます。なぜなら、**脳内言語がフィルターとなり、ふさわしい情報を拾う**からです。

「なんて仕事はつまらないんだ」と思っていると、仕事のつまらないところだけが見えます。そして、そのつまらない仕事が映像となり、脳内に記憶、蓄積されます。

気づいたら脳内の仕事フォルダーは、つまらない記憶だらけ。「仕事」というワードを聞くたびにそのフォルダーにアクセスし、つまらなかった記憶が映像として再生され、嫌な気分になります。

脳はイメージと現実の区別がつかない

「レモンを思いっきり丸かじりする」↓イメージしただけで唾が出る。

「黒板を爪で引っ掻く」↓イメージしただけでゾワゾワする。

おかしいと思いませんか？

別にレモンを丸かじりしているわけでも、黒板に爪を立てて引っ掻いているわけでもないのに、あたかも現実かのように脳はとらえます。

脳はイメージと現実の区別がつきません。

この機能を活用して習慣化するのが、「イメージの力を使う」です。


夜寝る前に、翌日のことを鮮明にイメージします。そして、そのイメージの中で自分が役割を果たしているシーンを思い浮かべます。

私なら、誰かの支えになっている、誰かを応援している場面です。

大切なのは、ありありとリアルに思い浮かべること。

イメージを繰り返し行うと、イメージの中の自分が現実の自分にリンクし始めます。

イメージの中での行動や振る舞っている自分が、現実の自分だと脳が記憶し始めるからです。

イメージの世界で役割を果たしている自分をつくり上げ、現実に反映させるのです。

習慣化のプロセス3　振り返りシートの活用

1日の最後に、「振り返りシート」を作成しましょう。

1日を思い出し、自分が役割を生きていたと思えるシーンを書き出します。その日のことはその日のうちに言語化するのです。

「エビングハウスの忘却曲線」を知っていますか？

10分間かけて記憶したことを1時間後に復習すると、4分24秒で再記憶することができ、1ヵ月後では7分54秒必要だった、というような実験結果です。

以前は、脳が時間とともに物事を忘れていく割合として、エビングハウスの忘却曲線は使われていましたが、最近これは誤りで、節約率を表しているとわかってきています。

どちらが正しいにせよ、はっきり言えるのは、私たちの脳は忘れるということです。

つまり、**「忘れる前に、もう一度脳に記憶させる」必要がある**のです。

振り返りシートを作成することで、改めて脳に、「あの時、あのシーンで、自分の役割を果たしていた」と記憶でき、より鮮明に自分の役割を理解し、腑に落とせるようになるのです。

すべてにおいて振り返りを行うのが理想ですが、時間を取れなければ、仕事・家庭・プライベートどれか一つで結構なので、役割を果たしていたと思うことを書き残しましょう。小さなメモ帳を用意して、いつでもメモができるように準備し、寝る前にまとめる方法も有効です。

ここで振り返りシートの例を紹介しますので、参考にしてください。

〈振り返りシートの例〉

9月27日

今日、職場で同僚の田中さんが思い悩んでいる様子だったので、思い切って声をかけてみた。

どうやら新しいプロジェクトで重要なポジションを与えられたらしく、自分にできるのかを心配していたようだった。

いつもだったら、「こうしたら良いんじゃない？」「こう考えたら良いんじゃない？」と、アドバイスをしがちだったが、今日は「田中さんなら人の話を聴く才能もあるし、信頼されているし、きっと大丈夫だよ！」と声をかけられた。

私の役割の一つである《信じる》ということができたと思う。

改善点を振り返るな

思考の癖かもしれませんが、改善点が目につき、「あの時もっとこうしておけば」と思うことがあります。

子どものころの教育の弊害か、できたところよりできなかったところにフォーカスを当ててしまうのです。

1日の振り返りでは、**反省、改善点ではなく〝できたことを思い出す〟ことが重要**です。

大切なのは、役割を生きた実感。習慣化の期間は実際にどうかより実感、「なんとなく」で良いのです。

料理も、「美味しくできた」という実感の積み重ねが、料理上手につながります。

私は祖父から常に「自分で食べてみて美味い！　と思える料理を作っていたら良い」と言われ続けました。

実際に美味しいかどうかも大切ですが、それよりも「俺の作る料理は美味しい」と実感することが、上達へつながります。その基盤がなければ、いつまで経っても、「足りない」「劣っている」「まだまだ」という感覚に支配されます。

実感がなければ、いつまでも自分の役割を生きていられず、「自分には役割を生きるなんてできないんじゃないか」と疑い、迷うでしょう。

まずは実感。

そのための振り返りシートです。

■習慣化のプロセス4　自分を褒める

1日の振り返りシートを作成したら、今度は自分を褒めます。

子どもだましに聞こえるかもしれませんが、「今日も1日本当に頑張った！　私、素晴らしい！」と自分で自分を褒めるのです。私は毎日欠かさずやっていますが、おかげで「誰かに認められたい」「誰かに褒めてもらいたい」という欲求がキレイさっぱりなくなりました。

マズローの欲求5段階に、〝人に認めてもらいたい〟という欲求（承認欲求）があります。どれだけ精神が大人になっても、修行僧でもない限り欲求は抑えられません。私たちは、常に誰かの評価を気にしながら、自己重要感を埋めているのです。誰も褒めてくれなければ、褒めてくれる人を探し、依存します。

そうならないように、**「自分で自分のことを褒める」**のです。

「いやいや、自分で褒めたところで、人からも褒められたいんじゃないか？」とあなたは、疑うかもしれませんが、毎日続けてみてください。

本当に〝人から認められたい〟という欲求が消えることでしょう。

これは私だけかもしれませんが、人から褒められると「そうなんです〜！」となります。この反応で場の空気が凍ることもありますが、私は一切気にしていません(笑)。騙されたと思ってやってみてください。こんなに気持ちの良いことはないですから！

以上の4つが、習慣化のプロセスです。

自らの行動を変える際、潜在意識に関する知識を持ち、どうアプローチすれば良いかをあらかじめ知っておくことは非常に重要です。この章であげた「投影」「ホメオスタシス」は頭に入れておくと、役割に生きるためだけでなく、いろいろな場面で役に立つことでしょう。

第４章のまとめ

・人生の役割を生きるワークのベースは、心理学、潜在意識の働き。
・潜在意識：顕在意識＝95％以上：５％。
・私たちはほぼ無意識に、物事に反応、意思決定、行動している。
・他人や物を通して自分を見る、「投影」の機能から、才能、役割のヒントを得る。
・あなたが誰かに憧れることは、同じ才能があなた自身にも眠っている証拠。
・行動する際のポイントは、「ホメオスタシス（恒常性維持機能）」の機能。
・心にも「保つ」機能が働くため、いつもと違うことをしても、元に戻ってしまう。
・習慣化には３週間～３ヶ月かかる。行動を変えるための習慣化のプロセスは４つ。
①脳内言語を変える
②イメージの力を使う
③振り返りシートの活用
④自分を褒める

第5章

役割を見つける5＋1ステップ

役割を生きるためのステップの流れ

お待たせしました。

いよいよこの章では役割を見つけるための道筋をお伝えします。巻末資料にて、あなたの役割を見つける際も、こちらを参考にしながらすすめてみてください。

役割を見つけるためのステップは５つ＋１つです。

ステップ１：**幼少期の憧れを洗い出す。**

ステップ２：**ポジティブな影響を与えた人を洗い出す。**

ステップ３：**これまでの人生体験からメッセージを見つける。**

ステップ４：**ステップ１～３を組み合わせ、人生の役割を見つける。**

ステップ５：**役割を行動に落とし込む。**

番外編：**未来の役割を決める。**

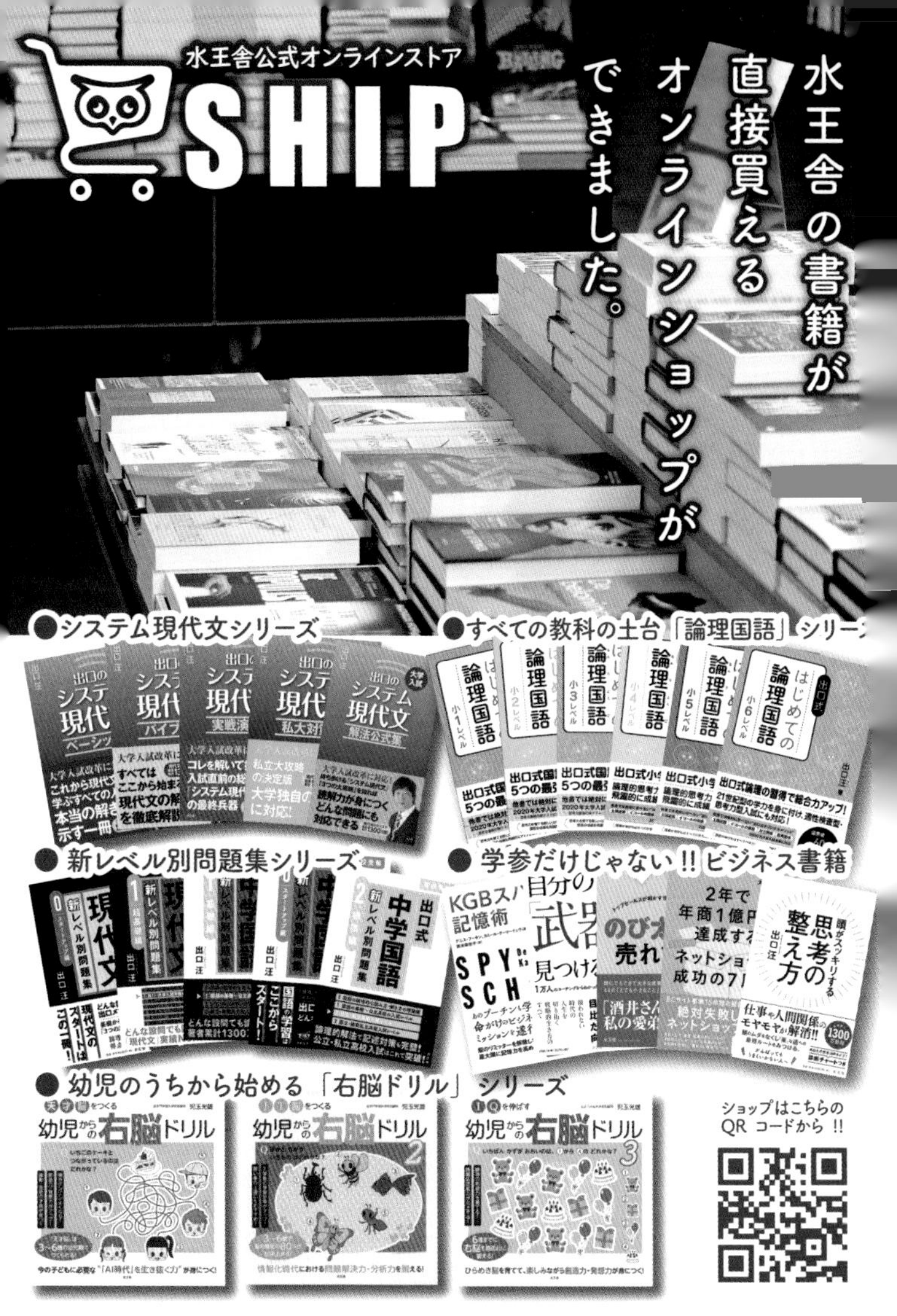
水王舎公式オンラインストア
SHIP
水王舎の書籍が直接買えるオンラインショップができました。
●システム現代文シリーズ
●すべての教科の土台「論理国語」シリーズ
●新レベル別問題集シリーズ
●学参だけじゃない!! ビジネス書籍
●幼児のうちから始める「右脳ドリル」シリーズ
ショップはこちらの
QR コードから !!

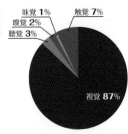

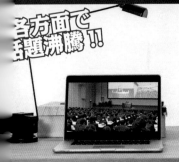

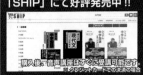

それではさっそく、各ステップについてお話ししていきましょう。

ステップ1　幼少期の憧れを洗い出す

ステップ1では、幼いころの憧れから、あなたの才能を見つけます。純粋な心に響いたものは、同じ才能が眠っている可能性が高いものです。

何事にも興味がある幼少期……あなたは子どものころ、何が気になりましたか？

興味の有無は、才能の有無で変わります。大事なポイントは、「あなたの心が動いたか」です。

幼少期の憧れを覚えていなければ、子どものころのアルバムを見て、お気に入りの格好、仕草を振り返りましょう。

戦隊ヒーローの真似をして、親戚のおじさんを敵に見立てて戦っている、マイクを片手に歌っている、バスの運転手を真似してハンドルを握っている、そんな写真があるかもしれません。

両親に「子どものころ、どんなことに夢中になっていたのか？」と聞くのも良いでしょう。

憧れの対象は、一人でも複数でも良いですし、野球選手、ケーキ屋さん、歌手などザックリでも構いません。漫画の主人公、歴史上の人物、会ったことの有無は問いませんし、何かのグループなどでも大丈夫です。

ちなみに私は子どものころ、当時人気だったアイドルグループ光ＧＥＮＪＩの諸星和己に憧れました。ローラースケートを履き、振り付けを真似し、ベストテンのビデオを見て一緒に踊り、バク転を練習し、ブロマイド写真を集め、アルバム曲の歌詞をすべてノートに書き写して、「僕も光ＧＥＮＪＩだ！」と言わんばかりでした。

先にお話ししたように、憧れの人に投影している才能は、あなたの役割を見つける大きなヒントです。

大人になるにつれ、夢ばかり見てはいられないと、「自分は無理」「あんなことができるのは特別な人だけ」と頭で考えるようになり、心に蓋をして、自分を見失います。

「自分が何に憧れたのか？」

「なぜ憧れたのか？」

子どものころを思い出して、それらを紐解くことが、才能を見つける鍵なのです。

憧れた理由が、「かっこいいところ」「かわいいところ」など漠然としたものなら、どんなところがかっこいいと思ったか、どんなところがかわいいと思ったか具体的に考えてみてください。

私は、光ＧＥＮＪＩの「歌いながら踊りながら自分たちをステージで表現する」という自己表現力に魅了され夢中になりました。

当時は、「自分もああいう風に歌って踊りたい！」という衝動だけでしたが、今になると、「自分を表現したい」という潜在的欲求のスイッチが、光ＧＥＮＪＩを見てＯＮになり、自己表現欲求を彼らに投影していたとわかります。

ステップ１では、大人になった今でも心が反応するようなキーワードも、思いつく限り挙げましょう。

■ステップ2　ポジティブな影響を与えた人を洗い出す

ステップ2では、ポジティブな影響を与えてくれた人について、学生時代までと、社会に出てからの2つにわけて洗い出し、**「あなたが与えるべき影響」「大切にしている価値観」を見つけます。**

あなたには、良い意味で、

「この人と出会ったことで人生が変わった」

という体験はありますか？

私は多くの方から影響を受けてきました。

歌手を目指していた時の先輩アーティストの「音楽はファッションじゃない、生きざまだ」という教え。21歳、世間知らずで自信過剰、プライドだけが高い勘違いヤローだった私を、愛を持って性根から叩き直し育ててくれた社長。6年間仏教を学んだ僧侶の方。ドン底の時にお尻を叩いて這い上がらせてくれた妻。ビジネスのいろはを教えてくれた現ビジネスパートナー。

挙げればキリがありませんが、たくさんの人のおかげで、今の私はいます。

「役割とは影響を与えること」と最初にお伝えしました。

これまでにあなたが受けてきたポジティブな影響を、あなた自身が与えることも一つの役割です。

また、人との出会いは、価値観に変化を生じさせ、新たな信念を持つことにつながる人生のターニングポイントになることがあります。

人が最も幸福感を味わうのは、自分が大事にしていること、価値観にそって生きられている時です。

家族との絆を大切にしたいのに、仕事ばかりで家族との時間が取れなければ、幸福感は減ります。チャレンジすることが大切だと思っているのに、毎日同じ繰り返しで、自分を守る行動ばかりでは、やはり幸福感は味わえないでしょう。

あなたの人生の役割には、あなたの価値観が反映されていることも大切です。

■学生時代、社会人、それぞれで影響を与えた人を考える

洗い出しは2段階で行います。

1段階目が学生時代、そして2段階目が社会に出てからの時期です。

1段階目は、将来の方向性を考え、自分の意見を持つようになる中学3年生から大学4年生までに、ポジティブな影響を与えてくれた人、どんな影響があったかを考えます（私のように高卒の方は、高校3年生までを学生時代としてワークを進めます）。

2段階目は、多様な人と出会う社会人になってからについてです。

私は、今でも支えになっている「あなたの好きなことをやりなさい」という一言を、学生時代に母からもらいました。大学に行かず、歌手になると決めた私の背中を押してくれた言葉です。

この一言でどれだけパワー、勇気が湧くか、一歩踏み出せる力になるかを私は知っ

ているので、私も「あなたの好きなことをやりなさい」と人に言います。そしてこれは「生き方の指針」でもあります。

母だけでなく、中学校時代の恩師である坂井宏安先生、ともに音楽活動をしていた同級生も、私の夢を本気で応援してくれました。

中高一貫進学校に通っていた私は、高校進学後すぐに音楽と出会い、勉強そっちのけで音楽活動に没頭していました。先生たちからの風当たりが強い中、坂井先生は「歌手を目指してるんだってな。お前ならできるから頑張れ！」といつも励ましてくれました。

全校集会の時、体育館に向かう渡り廊下でわざわざ私を呼び止めて声をかけてくれたことは、今でも鮮明に覚えています。彼らは、私の「夢を応援する姿勢」に影響を与えています。

そして、ポジティブな影響について考える際の注意点は、**教訓ではなく、ダイレクトに与えてもらったポジティブな影響を挙げる**ことです。

「ネガティブな体験だったけれど、あの体験があったから得られることがあった」というエピソードは挙げません。
なぜなら、役割を見つけるという視点では、後で「あれは良い体験だった」より、最初からポジティブな体験として根付いたものの方が、あなたが自然体で人に影響を与えられるからです。

また、このステップでは**様々な人について考えながら、多くのギフトをもらっていることへの感謝が自然と溢れてきます**。

私たちは、人間に備わった危険を回避するという防衛本能のため、ネガティブなことばかりに目を向けます。しかし、満たされないことばかりを見ず、得てきたもの、過去の宝に目を向けるようにしてください。
そして、思い出としてしまっておくのではなく、その宝を「生き方の指針」にしましょう。

■ 価値観は、社会に出てから形成される

子どものころは、ＴＶ、雑誌、映画、漫画や何かしらの作品を通して、自分の中にある才能や資質を鏡として見ますが、理想や夢ではなく、現実を目の当たりにするのは社会に出てから。学生時代とは違って、大人になってからは、年齢も人生背景も違う様々な人と出会います。その中で、

「こんな人になりたい。（なりたくない。）」
「こんな人と付き合いたい。（付き合いたくない。）」
「こんな人と関わっていきたい。（関わりたくない。）」

などの価値観が形成されます。

自分よりも人生経験が豊富で、自分と考え方、性格、才能、資質が似ている人に惹かれ、「私もあの人のようになりたい」と思うこともあります。

先に話したように、「自分もそうなりたい」は投影で、あなたにもその才能があるからこそ潜在意識が反応しています。

しかし、中には、「憧れるのは才能がある証拠」と私が伝えても「自分にはそんな才能はない」と言う方がいます。

そんな時、私は相手に「諦めてください」とお伝えします。

諦めるとは「そんな才能はない」ではなく、「才能があるんだ」と素直に受け取ってくださいという意味です。あなたが「私にはその才能はない」と言ったとしても、心の奥では「才能がないかもしれないがなんとかしたい」という思いが湧き上がっているはずです。

もし、あなたが誰かの影響で夢を持つ大切さを知れたとしましょう。ということは、あなた自身も人に対して、夢を見ることの大切さを伝えることができます。

自分にそんな力はないと思うかもしれませんが、実際に「私、夢がないんです」という人が目の前に現れたら、「そんなことないよ！　必ず夢は見つかるし、夢を持つことって本当に素晴らしいんだよ！」と言いたくなるでしょう。

人は、才能の塊です。才能を活かさないのはもったいないですし、「ケチ」です。

あなたが自分の才能を認めるだけで、どれだけの人が力を得られるかを真剣に考えてください。誰かの人生を変える、考え方を変える、仕事を始める、仕事の成績が上がるきっかけになるかもしれません。

ステップ２までを行うと、「自分がどんな影響を与えていけば良いか？」が見えてきます。

あなたがそのような影響を周囲に与えていけるようになったら、職場や家庭はどう変化しますか？　最初は小さな変化かもしれませんが、やがて大きな成果となって返ってくるに違いありません。

ステップ１、２は、人生の役割のベースとなる、才能と価値観を、潜在意識の「投影」の機能を使いながら見つける過程です。

■ステップ３　これまでの人生体験からメッセージを見つける

ステップ３では、大人になってからの実体験を振り返り、「人に伝えたい」メッセージを見つけます。

感動した、苦しかった、嬉しかった、悲しかった体験などを通して感じた、誰かに届けたいと感じるメッセージです。あなたは、どんな人に、どんなメッセージを伝えたいですか？

人の役に立つ、立たないは関係なく、まずは考えてみてください。

私は、歌手になるために上京し、年間100本くらいLIVEをしていました。デビューはできませんでしたが、大学へ進学していたらできていなかった体験をたくさんしました。

これらの体験から、
・夢を持つことの素晴らしさや大切さ
・同じ夢を追いかける仲間の素晴らしさ
を伝えたいと思っています。

何百というステージ体験があったからこそ、今でも人前で話すことに対して何の抵抗もなくやり切れますし、精神力、生き抜く力なども、歌手を目指していたころの賜物です。

この体験があるからこそ、「たとえ、夢が叶わなくても、無駄なことは何一つなく、必ず未来の糧として役立てられる。だからこそ、結果だけにとらわれずに思いっきり夢を追いかけろ！」と若い人たちに向けてメッセージを発信したいのです。

ネガティブな体験からの思いでも構いません。**大切なのは、体験を通してあなたが伝えたいメッセージであること**です。失敗のおかげで今があると知り、その時は精一杯の行動をしたと過去の自分を受け入れた時、届けたいメッセージが見つかることもあります。

小学生に伝えるならば、あなたは何を言いたいか？

第3章でもお話ししたように、過去を否定していると、過去に眠る宝に気づけません。

もし、私が飲食店を潰した時の、「自分には経営は無理だった」「自分には実力がない」「なんてことをしてしまったんだ」という思いにずっととらわれていたら、間違いなく本書は誕生していません。

潰したことで家族に申し訳ないという気持ちは当然ありますが、手を抜かず全力でやった結果です。終わりではなく、その体験からまた始めたのです。

失敗を繰り返しても、自分の人生を諦めない。不安で眠れない夜も、自宅マンションのベランダから飛び降りようとしたこともありました。それでも、「いつか必ず、努力は報われるはずだ」と信じて「生きる」ことを選びました。

人生のどん底に落ちてから7年半。私は今、この本を書き、あなたと出会えています。

「失敗を繰り返しても、自分の人生を諦めなければ、必ず報われる」が、私の伝えたいメッセージです。

あなたにしか届けられない、「どうしても人にも伝えたい」メッセージは何ですか？

想像しにくい場合は、「自分が1時間、小学生に授業をするとしたら、子どもたちにどんなことを伝えるか？」を想像してみてください。

「夢を持ちなさい。」

「友だちは大切にしなさい。」

「困っている人には手を差し出しなさい。」

何かしら伝えたいメッセージがあると思います。


このステップでは、あなたが「これを特に伝えたい」という、人生のメッセージを5つ見つけます。

ここで思い浮かべたことは、あなたが今までの人生を通して、大切にしている考え方です。あなたは人生の役割として、どんなメッセージを届けていきますか？

ステップ4　ステップ1～3を組み合わせ、人生の役割を見つける

ステップ4では、3つのカテゴリー（仕事、家庭、プライベート）での役割と、人生の役割を決めます。まず、ステップ3までの内容と、普段あなたが担っている肩書きと役割を組み合わせます。

たとえば、

・父（母）として、子どもに対してどんな影響を与えていくか？
・夫（妻）として、妻（夫）に対してどんな影響を与えていくか？

のように、影響を与える相手をイメージし、ステップ1～3で出てきた要素を組み合わせます。経営者、課長、店長、販売員、接客スタッフ、友だちとしてなどの肩書きに伴い、どんな影響を誰に与えるかを明確にすることで、日常生活でも「役割の切り替え」ができるようになります。

最後に、出てきた要素すべてを組み合わせ、「人生の役割」を考えます。

仕事、家庭、プライベート、それぞれにおいて、私たちは人とつながり、関わり合っています。**生きていくとは「関わり合うこと」**です。

天涯孤独で生まれてきても、生きる過程で誰かと出会い、誰かの影響を受け、誰かに影響を与えているものです。ここでは、人との関わり合いから役割を考えます。

影響を与えるという点では、あなたが自然体であることも大切と第2章でお話ししましたが、特に、プライベート、知人や友人に対してどんなポジティブな影響を与えていくかにおいては、無理をせず自然にできるものであることが大事です。

知人、友人との関係では、上下、立場がなく、フランク、フラットで、余計な気を遣わなくて良いのが望ましいでしょう。一生涯付き合っていける関係性を構築したいなら、あなたが自然体であることです。

・どんな存在でいられる時が自然体か？
・そんな自然体なあなたはどんなメッセージを届けているか？

これらをイメージしてみましょう。

あなたの役割は、自分の体験、人から受けてきたポジティブな影響を元に作り出されています。あなたがこれまでに得てきたものを、人、社会へと還元するのです。

あなたの人生の役割は、「あなたはどう在りたいか？」であり、人間関係、仕事、家族関係などで、迷ったり悩んだりした時の内的判断基準になるものです。これについては、また後ほどお話ししますが、この基準で物事を判断することで、誰かの意見に流されたり、「こうあるべき」という社会通念、「嫌われたくない」「変だと思われたくない」という人の目にとらわれたりすることなく、自分で答えを導き出せるようになります。

自分に従った人生をつくり出せれば、強がる必要がなくなり、本当の強さを手に入れられます。

困難にぶつかった時、あなたの役割は何度でもあなたを助けてくれるでしょう。

■ステップ5　役割を行動に落とし込む

ステップ4までで、人生の役割が明確になりますが、役割は「わかった」で終わりではありません。日常生活の中で、その役割を生きなければ意味がないのです。

この本を読んで、「なるほど、そういうことか」で終わらないように、

「どうすればその役割を生きられるようになるのか？」

「何をもって役割を果たせたと言うか？」

など、実際の行動に落とし込むための詳細を決めるのがステップ5です。


ステップ5は2つの段階に分かれます。

第１段階は、役割を習慣化すること。

第２段階は、役割を行動に落とし込み、自分を成長させていくこと。

を目指します。


1日1日の積み重ねが自分のものになってこそ、本書があなたの役に立ったと初めて言えると私は思います。

「学んで終わりではなく、何かしらの変化を起こす。」

そうしない限り、ただ気持ち良くなっただけで終わります。

これは私が講師として登壇するときにも常に思っていることですが、世の中にある情報は「学ぶためではなく、人生をより良くするため」にあります。

しっかりと日常生活に落とし込んで初めて、情報が糧となるのです。

行動に落とし込むステップ5は、役割を実際の行動、人生に活かすために欠かせない最も重要なステップです。

人生の役割を知り、日常生活に活かすことができれば、あなたの人生がもっともっと充実することは間違いありません。

番外編　未来の役割を決める

このステップを実行するのは、人生の役割を生活、行動に落とし込み、役割を生きられるようになってからです。**人生の役割の中で描く夢、未来の役割を見つけます。**

あなたには、「将来、こんなことがしたい」と思うことはありますか?

「いつか結婚したい」

「いつか独立起業したい」

「いつか父親、母親になりたい」

など、自分の理想を叶えていくための役割を明確にします。

未来の役割は、今すぐに見つけなければならないものではないので、このステップをやるのは、余裕ができた時で構いません。

大切なのはステップ５までを通して見つけた、自分の役割を日常生活の中で生きることです。役割を習慣化し、実際に目の前の人や社会に対して影響を与えることが先です。

これをせず、未来のことをどれだけ考えても、単なる妄想で終わります。今できないことは、未来もできません。今やり続けていることが、やがて花開くのです。

未来は、今の積み重ねです。

そのために、まずは日常生活で自分の役割をまっとうしましょう。

夢の実現で、あなたは何を証明するか？

あなたの夢は何ですか？

世界一周旅行？　結婚？　私のように出版すること？　起業、上場、海外で活躍する、父（母）になる、一軒家に住む、海外移住、デュアルライフ、腹筋の割れたムキムキボディ、高級車を買う、ラスベガスで豪遊、オーロラを見る……具体的な収入など何でも構いません。

私の夢は「月に行くこと」です。今行くには莫大な資金が必要ですし、そこにお金はかけませんが、私が生きている間には、海外旅行気分で月には行けるようになるのではと淡い期待を抱いています。なんとなく月に行ってみたい、地球を外から見てみたい、月から星を眺めたらどれくらいキレイなのかを見てみたい、という気持ちもありますが、「宇宙」に触れてみたいんです。月からＬＩＶＥ配信、なんていうのもいいかもしれませんね。他にも、海外に家を持つ、音源の作成、ＬＩＶＥ活動をする、絵を描いて個展を開くなど夢はいろいろあります。

あなたの夢は何ですか？　思いつく限り考えてみましょう。

できるかどうかは考えず、バカバカしいと思うことも、否定しないのが大切です。なので、ここでは思い切り私利私欲で構いません。社会的な夢ではなく、私的なワクワクする夢を列挙していきましょう。

夢が多過ぎると、「きっと無理」という心理が働き、モチベーションにならず、妄想で終わります。

精一杯書き出した後は、「これが実現できたら最高だ！」と思う3つだけを選びましょう。

ポイントは、「頑張ればできそうなもの」に絞ることです。それ以外の夢は、3つが実現した後に考えます。

第一歩は１つの夢を実現させること。少し欲張って3つです。

また、あなたの夢の実現は、あなたが人生で届けたいメッセージの何を証明したことになるかという考え方も非常に重要です。

あなたが選び出した3つの夢を実現させることは、あなたの役割とつながっていますか？　あなたが夢を実現させるほど、あなたの人生の役割が、より鮮明に、確信の深いものになることが大切です。

私の場合、出版という夢の実現は、私の「諦めなければ（生きていれば）必ず道は拓ける」というメッセージを伝える役割の証明になりました。

日々、役割を果たして生きると同時に、あなた自身が夢を持ち、実現させていくのです。

とはいえ、早まらないでくださいね。未来、夢、理想を実現させるより、まず今、着実に役割を生きることが大切です。

未来の役割を担うためにも、毎日「今、どんな役割を担い、周りに影響を与えていけば良いのか？」を意識しながら行動し、夢を実現することで、届けたいメッセージを、人生をもって証明していきましょう。

以上、５＋１つのステップを通して、役割を明確にすることで、あなたの人生は変わっていきます。巻末のワークシートには、私の回答例も載せてあります。ぜひ、あなた自身の役割を見つける際の参考にしてくださいね。

第5章のまとめ

・役割を見つけるためのステップは5＋1。
ステップ1：幼少期の憧れを洗い出す。
ステップ2：ポジティブな影響を与えた人を洗い出す。
ステップ3：これまでの人生体験からメッセージを見つける。
ステップ4：ステップ1〜3を組み合わせ、人生の役割を見つける。
ステップ5：役割を行動に落とし込む。
番外編：未来の役割を決める。
・ステップ1では、幼いころの憧れから、あなたの才能を見つける。
・ステップ2の洗い出しで、あなた自身の価値観を見つける。
・ステップ3で、実際の体験から、あなたが伝えたいと思う5つのメッセージを探す。
・ステップ4では、肩書きと役割を組み合わせ、あなたが与えるべき影響を決める。
・ステップ5を通し、日常生活の中で、役割を生きられるようにする。
・番外編：未来の役割のステップを実行するのは、あなたが役割で生きられてから。
・夢の実現で、人生で届けたいメッセージを証明する。

第6章

人生に貪欲になれ

■19年越しの夢が実現した時

いよいよ最後の章になりました。

番外編のステップでは、未来のあなたについて考えてもらいますが、**あなたには、急に聞かれて答えられる夢や目標はありますか？**

私が出版を夢見たのは、今から19年前、25歳の時。なんとなく「本を書きたい」と、パソコンを開いても、何も浮かばない……。当然ですよね。25歳の私には、伝えたいこともなく、コンテンツもなく、ただ本を書きたいという気持ちだけでしたから。

それから19年の歳月が過ぎ、今、こうしてこの本を書いています。

まさか自分が著者になるなんて、夢にも思いませんでした。でも、私の夢は今、一つ叶ったのです。

19年と聞くと長いと感じるかもしれませんが、19年間執筆活動をしていたかというとそんなことはありません。

27歳からは飲食店経営、その後多くの失敗を経験、人生のドン底を味わい、執筆の「し」の字もしていません。

見方を変えれば、著者になるために19年の歳月が必要で、人生を取り戻し、自分の役割を生きる中で、出版のチャンスを頂いたのです。

私だから夢を実現できた。私が特別だったのでしょうか？

いいえ、そんなことはありません。

もし、あなたに夢があるなら、絶対に諦めずにその夢を抱き続けてください。どのような形でその夢が叶うかはわかりませんが、あなたが夢を諦めたり捨てたりしない限り、夢が叶う可能性はいくらでもあります。

夢を叶える、実現させることは、あなたの未来の役割でもあります。あなたが夢を叶えることでこそ、伝えられるメッセージがあるのです。

私も一人の人間で、苦労し、辛い体験をし、困難を乗り越えて今日まで生きてきました。生まれながらに持ち合わせた、すごく優れた特別な才能も特にありません。

最終学歴は高卒なので、学歴が優れているわけでもなく、特別な資格もありません。どちらかというと一般的に見れば劣等生、落ちこぼれ、外れものです。

そんな私でも、全国で講演活動をしたり、ビジネススクールを運営したり、何千人もの人に影響を与えることができています。

時間に縛られず、好きなことや得意なことを仕事にできて、夢見ていた出版も実現することができました。

夢を叶えられた理由は、諦めなかったからに他なりません。どれだけ苦しくても、何度も何度も諦めそうになりながら、前だけを見て、歩みを止めずに進んできました。

だから、あなたにも夢は必ず実現できると、私は心の底から信じられるのです。

■最高の人生かどうかは「遺すもの」で決まる

私の大切な仲間の一人、堀内博文氏が代表理事を務める一般社団法人 Mission Leaders Academy Japan の理念「子どもに夢を託す時代から、大人が夢を生きる時代へ」に、私はとても共感しています。

今、どれだけの大人が夢を持っているでしょう？　いつから夢を持てない社会になったのでしょう？

「夢を持たなくてはいけない」「夢がないのはいけない」と言いたいわけではないですが、子どもだけでなく、大人も夢を持てる社会にしたいものです。

あなたはもしかしたら、「夢を持った方が良いのはわかるけど、現実問題、そんな余裕はないよ」と思うかもしれません。でも、私はだからこそ、「夢を持ちましょうよ！」と声を大にして言いたいのです。


アメリカの哲学者ウィリアム・ジェームズは、

〝最高の人生の送り方は、自分が消えた後にも遺るものに時間を費やすことである〟

と言います。

「夢、未来の話をするのに、遺る？」と思ったかもしれませんね。そして、「遺るもの」と聞いて、財産、会社、施設、学校などを想像しているかもしれません。もちろん、そんなものを遺せたら素晴らしいですが、誰もができるわけではありません。

そこで私は、「人の心にも、何かを遺すことができるのではないか?」と考えました。都合の良い解釈と思われるかもしれませんが、私はこの都合の良い解釈で、これまで数千人の方々と関わり、僭越《せんえつ》ながら、「葉山さんとの出会いで人生を変えることができた」と言ってくださる生徒さんも多くいます。

ただただ、人の心に「何か」を遺す。

これが誰もが「役割」を通して行うことであり、最高の人生の送り方だと思います。

3万5000回の決断が未来をつくる

第5章で、未来は毎日の積み重ねと話しました。そして、そんな毎日は、選択の連続です。

「朝ごはんに何を食べるか?」「今日の仕事を何から始めるか?」という小さな選択から、「どこの学校へ進学するか?」「どの企業に就職するか?」「誰と結婚するか?」

と決断とも言える大きな選択まで、私たちは、毎日何かしらを選択し行動しています。

情報が多い時代ですから、悩み迷うこともあるでしょう。役割は、そんな時に自分の立ち戻る場所でもあります。

ケンブリッジ大学のバーバラ・サハキアン教授の研究によると、人の1日の決断回数は3万5000回、言い換えると、3万5000回／日の選択の積み重ねが、今の現実です。

ここであなたに質問です。**あなたの選択の基準は何ですか？**

・得をする／損をしないようにする
・直感、感覚
・好き／嫌い
・緊急性

・誰かがやっているか／やっていないか
・世間体

選択の基準は多岐に渡り、その時その時で変わるでしょう。

1日1日の選択の積み重ねが、あなたの今の現実をつくっています。

もし今、手にしている成果、目の前に広がる世界が望むものでないのなら、選択の基準を変える必要があります。

「私が悪いんじゃない」「親の教育のせい」「家が貧乏だったから」「良い先生に巡り会えなかったから」「あの人に傷つけられたから」と、人のせいにしていたら人生は変えられず、過去を引きずれば、先の可能性も見えなくなります。

生まれてくる時に親は選べませんし、子どものころの環境は親を恨みたくなることもあるかもしれません。

しかし、大人になってからは違います。誰のせいでもなく、自分の責任のもとで、選択、行動するのです。

生まれた時から不平等だ、ハンディキャップがあるなどと嘆いたところで、何一つ変わりません。自分の人生は自分でつくり上げるしかないのです。

「自分がどんな基準で、日々選択し行動しているのか？」を知りましょう。

そして、**人生を変えたいならば、選択の基準を変えましょう。**

私たちは、過去の延長線上で生きている

先で選択の基準を変える必要性について話しましたが、その上で気をつけるべきポイントは、「私たちは過去の延長線上で生きている」という事実を意識することです。

過去の体験は、選択の基準に大きく影響します。**私たちは、過去に苦しい、嫌な体験をした際、二度と同じことを体験しないよう「セキュアベース」という安全領域を心の中につくります。**

私は小学生時代の転校で、友だちを作るのに苦労した経験があります。結果、「初対面の人とは仲良くなれない」という思い込みができ、35歳くらいまで初対面の人と

打ち解けて話せませんでした。

セキュアベースの影響は大きく、傷つかないよう、嫌な思いをしないよう、心の中に安全領域を設け、行動範囲をコントロールする意味で、選択の基準にもなります。

また、両親が離婚し、父親という存在がわからなかったことも原因の一つだと思いますが、年上の男性に対しての苦手意識もずっと持っていました。

働き盛りの30代で、年上男性に苦手意識を持つことは仕事で大きな影響があり、「教えてください」と言えず、一人で考え、検証し、もがいていました。

今となっては、そのころ培った自分で考える力が糧となってはいますが、思いっきり過去の延長線上で選択をしていたということです。

「過去に勉強をしてこなかったので、いまさら勉強しても仕方がない」
「人間関係で嫌な思いをしたから、人と深く関わるのはやめよう」
「起業に失敗したからチャレンジはやめよう」

など内容は人それぞれでも、総じて言えるのは、過去の延長線上で選択するのが当たり前になっているということです。

過去の延長線上の選択では、想定外を起こさないよう慎重になるため、想定の範囲内での行動、結果しか生まれません。

つまり、もし**目の前に広がっている世界が望むものではないなら、たとえ失敗しても、望む結果が手に入るまで、安全領域を出続けるしかない**のです。

■理想の自分での選択が難しい理由

先ほど、過去の延長線上での選択では、人生は広がらないと話しました。それなら、未来からの選択が良いんじゃないか？　もしかしたらあなたは、**「理想の自分で選択することで人生が変わっていく」**という方法について聞いたことがあるかもしれません。

夢を叶えた理想の自分なら、どんな選択をするかを考えるという方法です。

この選択基準は、人生を豊かにするために、たしかに効果的です。

ただ、私の体験ベースで言うと、「理想の自分だったらどうするか？」という選択基準は継続ができません。「ここぞ」という時の選択基準で、常日ごろから意識はなかなかできないのです。理由はずばり、「確信を持てないから」です。

「理想の自分だったら、こう選択するだろう」は、あくまでも自分の思い込みであって、実際に理想の自分になれたときに同じ選択をするのか？　と尋ねられたら、100％イエスとは言えませんよね。

以前の私は「理想の自分で選択する」ということを意識して過ごしていました。成功した俺ならこう選択するだろう！　と思っていたのですが、実際に過去描いていた成功を掴み、理想のライフスタイルを手に入れることができた今、改めて過去の自分を振り返ると、勢いだけは立派で何もわかっていなかったな、というのが結論です。

理想の自分で選択をすることは悪くはないのですが、人生がよくなるとは限りません。

さらに、理想の自分のイメージから選択した結果、思うような成果を得られなかった場合、「ダメじゃん……」と、理想の自分にも、理想の自分で選択するというやり方にも、確信が持てなくなります。

理想の自分を選択基準にすることは一見良さそうですが、確信が持てずに、結局過去の延長線上に戻ってしまうのです。

選択は毎日のことです。要所要所で一時的に選択の基準を変えたところで、人生に大きなインパクトはありません。

毎日の小さな選択基準を変えることが、未来につながります。その基準に最もふさわしいのが、「役割」です。

■役割からの選択方法

役割とは、「人や社会にどんな影響を与える存在か？」でしたね。

つまり**「あなたが与えたい影響を基準にする」のが、役割からの選択**です。

役割は、あなたのすべての行動の軸です。役割をまっとうして、生きている実感を得られれば、毎日に充実感が生まれ、心も豊かになるでしょう。

とはいえ、毎日自分の与える影響を考えながら生活するのもなかなか大変だと、あなたも感じるかもしれません。

たしかに、役割に慣れるまでは、日々意識し行動する、「私の役割ってなんだっけ？」と忘れたら見直しまた意識して行動する、を繰り返します。

徐々にで構いません。一つずつ一つずつ、役割を自分のものにするのです。

たとえば、私の仕事の役割は、「応援すること、味方であること、信じること、自分を表現すること」

この役割をまっとうするために、講師を育成し、自身も講師として登壇、本も書いています。それが結果として仕事になっているのです。

好き嫌い、ワクワク、あの人がやっているなどの選択基準ではありません。

「今、目の前にいる人に、与えたい影響を与えられるか？」

「自分の与えられる影響の輪を広げることができるか？」

「自分の役割を果たせるか？」

それだけが選択基準です。

余計なこと、忖度、遠慮、我慢など関係なく、ただただ、自分の役割をまっとうできるかを考えます。

手段ではなく、役割ベースの仕事選択

仕事で人生は変わりません。

しかし、「仕事をしなくて良い」ということではありません。

仕事が、自分を活かしてくれると思うのは間違いです。**大事なのは、仕事を自分の**

役割をまっとうするための手段と考え、いかに仕事を通して人や社会に影響を与えていくかを考え働き、仕事でやりがい、充実感を得ることです。

ワークを通して見つける役割を今の仕事で発揮できるなら、まずは今の仕事を通して役割をまっとうすることを考えることが大事です。

もし、役割が今の仕事ではまっとうできないものだとしたら、転職を考えても良いでしょう。

さて、あなたが仕事をする目的は何ですか？

もし生活のためだけなら、ぜひ意識を変えてください。

仕事は「しなきゃいけない」ものではなく、「したくなるもの」であり、そのための役割です。

「仕事を通して人や社会にどんな価値をつくり出していくのか？」にこだわり、貪欲になってほしいと思います。

今は、副業、兼業を始める人も増え、本業以外にも収入を得る方法を探している人も少なくないでしょう。

「自分にもできるのか？」

「簡単にできるか？」

「すぐに始められるか？」

　など「手段ベース」の選択でスタートすることもあるでしょうが、現実はそんなに甘くありません。

「誰でもできる」と書いてあると、自分にもできると思いがちですが、努力しなければ結果は出ません。


　実際、私が人生のドン底から這い上がる際に始めた対人サポートビジネスも、誰でも始められましたが、「誰でもできる」を「何もせずに成果が出る」と勘違いする方が少なくありません。

　誰でもできるとは、学歴、資格、専門的な知識がなくても始められるだけで、何もしなくてもできるわけではありません。

　新しいことを学び、チャレンジし、考え方を変える必要があり、壁は必ずあるのです。

手段ベースで選択すると、「自分に合わなかった」「大変だ」「思っていたのと違う」などの理由で、せっかくの決断を棒に振ることになります。

世の中にあるすべての情報が良いものだとは言いませんが、以前と比べると、副業などの情報については、悪質なものは淘汰《とうた》され、良質なものが増えています。

そのため、努力次第で成功を掴める可能性は高くなっています。

このチャンスを掴むためにも、手段を重視するのではなく、役割を重視して、手段を選ぶのです。

自分が与えたい影響を考え、それに相応しい手段を選択しましょう。

手段ありきではなく、役割ありき。自分の役割をまっとうするための手段、仕事なのです。

そうなれば、困難にぶつかっても、乗り越えていくことができ、努力する意味も自分で見つけることができるようになるでしょう。

「私のやりたかったことってこれなのかな？」なんて疑問も浮かばなくなります。

あなたも役割からの選択で、影響を与えることを重視すれば、迷いがなくなるはずです。

自分はどこまで通用するか？　仕事で貪欲になれ

仕事についてもう一つ、あなたに話したいことがあります。

先日、とある企業がアジア太平洋地域（APAC）14ヵ国・地域の主要都市の人々の働く実態や意識、仕事に対する意識調査を行いました。

「現在の会社で管理職になりたいですか？」という質問に、インド・ベトナム・フィリピンでは81%以上の方が「はい」に対し、日本は最下位21%。

「会社で出世したいと思うか？」には、意識度5点満点中、タイ・フィリピン・インド・ベトナム・マレーシア・インドネシア・シンガポール・中国は4点以上に対し、これまた日本は最下位2・9点でした。

ところが、「何歳まで働きたいと思っているか？」という質問には、日本が1位で63・2歳だったのです。

結果を見て驚愕。アンケートの結果をそのまま見れば、「管理職にはなりたくない」「出世はしたくない」「だけど長く働きたい」人が多いということです。意識調査の真意を解明することは不可能ですが、日本の働く方々の価値観が表れているのは間違いないでしょう。

出世することが欲張ることには直接つながらないかもしれませんが、「自分がどこまでできるのか？」「自分の力がどこまで通用するのか？」それらを試すのに、仕事はもってこいです。この意識を持って、あなたも貪欲になってみてください。今の10倍は世界が広がっていくと思います。

役割ベースで、「どんな影響を与えるか」を常に仕事に臨む時の視点にも入れる。

自分の役割をまっとうすることで社会に価値を提供でき、お金も時間も自分でつくり出せるのが仕事です。

そして、そのお金を、自分の知らない、やってみたいことへの挑戦、さらなる夢の実現に使うのです。

■プライベートこそ、体験価値に貪欲になれ

人生の役割を見つけて、確信、使命、充実感を持って生きる。

このような生き方で、大人にも自信、夢を持ってほしいとお話ししてきました。

そして、私が、本書全体を通してあなたに言いたいのは、「もっと欲張ろう！」ということです。人生にこだわり、周りの人に影響を与えていく存在になってほしいのです。


誰かのため、相手のためという目的でしか夢を持ってはいけない、何かをやりたいと思ってはいけないということではありません。むしろ、**プライベートにおいては、**

自分のためにもどんどん貪欲になることが重要です。

貪欲＝贅沢《ぜいたく》と感じるかもしれませんが、そうではありません。

体験的財産の構築に貪欲になってほしいのです。

海外旅行で異文化に触れる、やったことがないことにチャレンジする、スカイダイビング、高級ホテルのサービス、逆に、すごく質素な旅館に宿泊、ボランティア活動など社会活動への参加や、趣味の幅を広げるのも良いです。

そもそも、**人生で何をやれば良いかわからないのは、体験が足りないから**です。ネットでの情報だけでなく、自分で見て、聞いて、肌で感じること。これが体験的財産になります。

私は、毎年1回生徒さんたちと一緒に、自然の中で自分と向き合うネイチャーセッションというプログラムを行います。ここ数年は新型コロナウイルスの影響で開催できませんでしたが、ニュージーランドのテカポ湖を次の開催地にしています。満天の星空を眺めながら人生を語る。最高だと思いませんか？


人生は一度きり。

多くの体験を積むことは人生の醍醐味です。

私もまだまだやってみたいことがあります。

あらゆる文化に触れ、様々な人に触れ、知見を広げ、自分を広げる。引退して余生を過ごすだけの人生も良いかもしれませんが、私はもっと貪欲に人生を味わいたいのです。


私が起業したのは、お金と時間がもっと欲しかったからでもあります。お金だけを目的とするのは私の性に合いませんが、だからといって、慈善事業をするつもりは今のところなく、体験価値を増やすために、しっかり稼ぎたいと思っています。

仕事の役割で人、社会に価値を提供し、手にしたお金で体験価値を積む。こんな貪欲な生き方も良いではありませんか？

あなたがどんな体験をしたいかは、ぜひ夢を考えるワークでたくさん書き出してみてくださいね。

■人との関わりを恐れるな

ここまで、人生、仕事、プライベートに対して貪欲になり、人生の役割を行動の基準にして、夢を叶えることについてお話ししてきました。

役割とは「相手にどんな影響を与えるか？」です。つまり、常に相手ありき。自分一人で完結する役割はありません。

一方で、今の時代はあまり人との関わりを重要視していないと思うことがあります。

人との関わりを避け、近からず遠からずの距離感を保ち、当たり障りのない関係性を構築するのが当たり前になっているのです。

私は、人との出会いで夢を持ち、自分を信じ、人生を変えることができました。役割を見つけるワークでも、人との関わり、体験について改めて考えますが、**人との関わりは人生のすべてと言っても過言でないくらい重要**です。

新型コロナウイルスの影響で、コミュニケーションの価値観も変わってきました。外食の機会も減り在宅勤務などで、人と関わらなくて済む分、余計なストレスは減ったかもしれませんが、一人でいることのさみしさ、人とのつながりの大切さも同時に気づけたことでしょう。「人と関わりたくない」と口では言っているが、実際に関わりがなくなってくると、どこかで人とのつながりを求めてしまう。

本来、私たちは、「人とつながりたい」という欲求を持っています。マズローの欲求5段階の社会的欲求にあたります。

別に「誰とでも関わりを深くしろ」と言いたいわけではありません。

私は、「人と関わることを恐れるな」と伝えたいのです。

人と関わるのは勇気がいるし、面倒くさいと思うこともあるでしょう。
しかし、あなたの力を必要とする人が必ずいます。あなたが人や社会に影響を与えていく番なのです。

大切な一人から始まる、一度きりの人生を味わい尽くす生き方

大きな影響力を持つまでには、時間を要するでしょう。役割を習慣化させ、常日頃から役割を生きられるようトレーニングする必要ももちろんあります。ただ、大切なのはまず、**目の前の一人に影響を与えること**です。

仕事であれば、クライアント、同僚、職場の人たち。家庭であれば、旦那さま、奥さま、お子さままでです。

「今、自分の目の前にいる一人に対して、自分は何ができるのか？」から始めます。

いきなり会社を変えよう、家族を変えようではないですし、そもそも変える必要もありません。

変えるのではなく、影響を与えるのです。

自分の役割を恐れず、生きてください。あなた次第でどれだけでも人生は変わります。

仕事、家庭、プライベートそれぞれでの、あなたにしかできない役割。そして、そのすべてをつなげる人生の役割。

役割は、目の前の一人に、周りに、社会に、与えるべき影響そのものであり、生き方の軸です。

まずは目の前の一人を、笑顔にすることかもしれません。人生で伝えたいメッセージを届ける、あなたの過去、たくさんの人との出会いから見つけた、あなただけの役割を生きて、影響を与えていく。あなたにしか伝えられないことを伝えていく。その輪が、家庭に、仕事に、周りの人たちに、社会に広がっていくのです。

あなたも今日から、生まれてきた喜びを感じながら、貪欲に生きる人生を始めようではありませんか？

最初に書いたように、私はこの本をきっかけにあなたの人生が変わることを本気で信じています。

「一度きりのあなたの人生、最高のものにすべく、こだわり、一緒に味わい尽くす！」

これが、あなたが今日から始める、新しい生き方です。

ここまで読んでくれたあなたなら、その準備はもう整っているはず。あとは、一歩を踏み出すだけです。

私は、あなたの背中をいつだって押します。「役割」という使命を持って、充実し輝いて生きていくあなたであることを心から願いながら。

第6章のまとめ

- あなたが夢を叶えることでこそ伝えられるメッセージがある。
- 「役割」を通して人の心に「何か」を遺すことが、最高の人生の送り方。
- 現状に不満があるなら、選択の基準を与えたい影響、「役割」に変える。
- 大切なのは、たとえ失敗しても、望む結果が手に入るまで、安全領域を出続けること。
- 理想の自分での選択は、確信を持てないため、継続が難しい。
- 仕事は「しなきゃいけない」ものではなく、「したくなるもの」。
- 人生の役割を見つけて、確信、使命、充実感を持って生きることで、自信を持てる。
- プライベートでは、体験的財産の構築に貪欲になること。
- 人生で何をやれば良いかわからないのは、体験が足りないから。
- 人との関わりは人生のすべてなので、「人と関わることを恐れない」。
- 「今、自分の目の前にいる一人に対して、自分は何ができるのか？」を考える。

おわりに

最後までお読みいただき、ありがとうございました。

この本では、「人生の役割」についてお話ししました。このライフ・ポジション＝役割という考え方を伝え、充実して生きていく方法をお話しするというのも、私の役割だったのかもしれませんね。

思い返せば12年前、飲食店の経営をしていたころ、スタッフから、

「葉山さん、お話があるのでお昼休憩中、お時間をとってもらえないでしょうか？」

と言われ二人の時間を作りました。

「葉山さんは厨房で料理を作っていたら、ダメな人だと思います。もっと表に出て、多くの人に影響を与えられる人だと思います。葉山さんを必要としている人がいるはずです」

彼は私に、熱い思いを伝えてくれました。

当時の私は祖父の味を守り、お店を守っていくことが、人生の目的だと心から信じていたので、彼にこう答えました。

「気持ちはありがたいけれど、俺はこの店を守っていきたい」

「そうですよね、その気持ちもわかってはいるんです。でも、どうしても伝えたくて」

少し寂しそうな彼の顔を今でも思い出します。


今回、出版のお話をいただいて、「役割」をテーマに書くと決めた時、真っ先に浮かんだのが彼でした。彼には私の役割が見えていたのかもしれません。


あなたは最初、「役割」と聞いても、ピンと来なかったかもしれません。読み進める中でだんだんと、「役割」は、ポジションや肩書きを指すのではなく、自分が人や社会に対して与えていく影響だと、わかっていただけたかと思います。

「仕事での役割」「家庭での役割」「プライベートでの役割」そして「人生の役割」は、見つけられましたか？

新しい発見や気づき、自分にとって重要な役割のイメージだけでもできたでしょうか？

私は常に、自分の役割を選択・行動の中心に置き、迷ったり悩んだりした時は、「私は何をすべき人間なのか？」と自問し、答えを導いています。

時には苦しいこともありましたが、おかげで多くの人と関わることができ、生徒たちが夢を実現させていく姿も幾度となく見てきました。

自分の役割をまっとうできれば、人生は劇的に変化すると、今では確信を持って言えます。

あなただけのあなたらしい役割が見つかることを心から願っていますし、あなたの人生が充実感で溢れ、喜びと感動に彩られたものになるために、本書がお役に立ったなら、これ以上の喜びはありません。

最後に、この本を書くきっかけをくださった原田翔太さん、ズブの素人だった私に著者としての道を示してくださった長倉顕太さん、私以上に私のことを信じ可能性を広げてくれる株式会社OnLine代表取締役白石慶次さんとスタッフの皆さん、じぶんブランド革命プロジェクト！　ならびにリカレントビジネス・カレッジ卒業生、受講生のみなさん、同期の仲間たち、そして、いつも私を支え続けてくれる妻と家族へ心から感謝を述べたいと思います。本当にありがとうございます。

そして、いつかあなたとお会いできる日を楽しみにしています。

「人生に、こだわれ！」

2023年2月

葉山倖成

巻末資料

あなただけの人生の役割を見つける
実践ワーク

【使い方】


あなたの人生の役割を見つけるためのワークです。

本書の第５章でご紹介した役割を見つける５＋１のステップに沿ってワークを進めます。

それぞれのワークには私の回答例を記載してありますので、参考にしてください。

ステップ1

幼少期の憧れを洗い出す

ワーク1　幼少期の憧れについて

Q1．あなたが子どものころ（幼少期～小学生）に憧れた人は誰ですか？

|
|---|
| ・
・
・ |

【回答例】

・光GENJIの諸星和己
・スーパーマン
・ドラゴンボールの孫悟空
などなど

Q2. その人のどんなところに憧れましたか？

・
・
・

【回答例】
・（光GENJIが）歌って踊って自分を表現しているところ
・（スーパーマンが）自由に空を飛べるところ
・（孫悟空が）どんなに強い敵でも自分を成長させ挑むところ

Q3. Q1とQ2から、「ワーク1のキーワード」を見つけましょう。

「　」

【回答例】
「自由、自分を表現、自分を成長させる、挑む、逃げない」

ステップ2

ポジティブな影響を与えた人を洗い出す

ワーク2　学生時代のポジティブな影響

Q4. 学生時代、あなたの人生にポジティブな影響を与えた人は誰ですか？

・
・
・

【回答例】

・中学校3年間担任をしてくださった恩師の坂井宏安先生
・歌手になる夢を持たせてくれたLUNA SEA
・歌手になると決めた私の背中を押してくれた母

Q5. その人たちからどのようなポジティブな影響を受けましたか？

・
・
・

【回答例】※例は一人の人物についての回答ですが、実際には全員分を書きます。

・夢を応援してくれたこと
・信じてくれたこと
・味方がいると感じさせてもらったこと

Q6. Q4とQ5から「ワーク2のキーワード」を見つけましょう。

「　　　　　　　　　　　」

【回答例】
「夢、応援、信じる、味方である、支え、背中を押す、表現力、優しさ、切磋琢磨」

ワーク3　社会に出てからポジティブな影響を与えた人

Q7. 社会に出てから、あなたの人生にポジティブな影響を与えた人は誰ですか？

・
・
・

【回答例】

・音楽時代の先輩
・仏教を教えてくれた僧侶の方
・妻

Q8. その人たちからどのようなポジティブな影響を受けましたか？

・
・
・

【回答例】※例は一人の人物についての回答ですが、実際には全員分を書きます。

・夢を追いかける生き方、自分を貫く生き方の素晴らしさを教えてもらった

・プロという厳しさや基準を教えてもらった

・後輩を思いやる気持ちを教えてもらった

Q9. Q7とQ8から「ワーク3のキーワード」を見つけましょう。

「　　　　　　　　　　　　　　　　　　　　」

【回答例】

「夢を追いかける、自分を貫く、生き方を貫く、愛を持って思いやる気持ち」

ステップ3

これまでの人生体験からメッセージを見つける

ワーク4　体験からキーワードを洗い出す

Q10．あなたの人生に大きな影響を与えた体験は何ですか？

・
・
・

【回答例】

・夢を追いかけて上京したこと
・死ぬほど嫌いだった営業が得意になったこと
・脱サラして実家の中華料理店を継いだこと

Q11. その体験を通して、あなたが人に伝えたいメッセージは何ですか？

・
・
・

【回答例】※例は一人の人物についての回答ですが、実際には全員分を書きます。

・夢を持つことの素晴らしさ
・夢を追いかけることの素晴らしさ（大変だったし苦しかったけど宝になっている）
・やりたいことがあるなら誰の意見にも左右されずに自分で決めて進め！

Q12. これまで体験してきたことの中で、自分と同じ体験をしてほしくないことは何ですか？（Q10と重複しても構いません）

・
・

・

【回答例】
・相手のパワーに負けて自分の意見を言えなかったこと
・できないことを理由に逃げ出したこと（営業をやっていたころ、あまりにも結果を出せなくて経理に移った）
・実家の中華料理店を潰したこと

Q13. あなたと同じ体験をしないために、あなたが伝えられることは何ですか？

・
・
・

【回答例】※例は一人の人物についての回答ですが、実際には全員分を書きます。
・どれだけ相手が強かろうと勇気を持って自分の意見を言えるようになろう

・自分が間違ってないと思ったらちゃんと伝えよう
・感情的になる必要はなく、自分の意見を伝えればいい

Q14 Q10〜13のメッセージをすべて書き出してから、あなたの人生のメッセージを5つ選びましょう。

Q10〜13のメッセージ

・
・
・

人生のメッセージ5つ

①「　　　　　　　　」
②「　　　　　　　　」
③「　　　　　　　　」

④「　　　　　　　　　　」

⑤「　　　　　　　　　　」

【回答例】

・夢を持つことの素晴らしさ

・夢を追いかけることの素晴らしさ（大変だったし苦しかったけど宝になっている）

・やりたいことがあるなら誰の意見にも左右されずに自分で決めて進め！

人生のメッセージ5つ

①やりたいことがあるなら誰の意見にも左右されずに自分で決めて進め！

②諦めなければ（生きていれば）必ず道は拓ける

③どれだけ嫌いなことだったとしても継続すればたしかな力になる

④豊かさと愛の両方を手に入れることはできる

⑤お互いが大切にしていることを大切にする

ステップ4

ステップ1〜3をまとめ上げる

ワーク5　重要なポジションは何か？

Q15．現在の仕事であなたが担っている重要なポジションまたは肩書きは何ですか？
（「上司」「先輩」「プロジェクトリーダー」「社員教育係」などの肩書き、「カウンセラー」「セラピスト」など専門職の名称など）

・
・
・

【回答例】
・会社の代表取締役
・講師
・著者

Q16. 現在、家庭であなたが担っている重要なポジションは何ですか？
（夫、妻、父、母、息子など）

・ ・ ・

【回答例】

・夫
・息子
・妻

Q17. Q15とQ16の回答とキーワードを組み合わせましょう。

「　　　　　　　　　　　　　　　　」

ワーク6　キーワードとメッセージをすべてまとめる

第1段階：ステップ1〜3のキーワード、人生のメッセージを書き出します。

ステップ1のキーワード
「　　　　　」

ステップ2のキーワード
「　　　　　」

ステップ3のキーワード
「　　　　　」

人生のメッセージ5つ
①
②
③
④
⑤

【回答例】

ワーク1のキーワード

「自由、自分を表現、自分を成長させる、挑む、逃げない」

ワーク2のキーワード

「夢、応援、信じる、味方である、支え、背中を押す、表現力、優しさ、切磋琢磨」

ワーク3のキーワード

「夢を追いかける、自分を貫く、生き方を貫く、愛を持って思いやる気持ち」

人生のメッセージ5つ

①やりたいことがあるなら誰の意見にも左右されずに自分で決めて進め！
②諦めなければ（生きていれば）必ず道は拓ける
③どれだけ嫌いなことだったとしても継続すればたしかな力になる
④豊かさと愛の両方を手に入れることはできる

⑤お互いが大切にしていることを大切にする

第2段階：キーワードとメッセージをQ15とQ16の回答と組み合わせる。
（Q15とQ16のそれぞれの肩書きにあうキーワード及びメッセージ、Q12のそれぞれのポジションにあうキーワード及びメッセージをそれぞれ考えます。もし人生のメッセージ5つの中に、ふさわしいメッセージがない場合は、ワーク4で書き出したメッセージの中から選んでも構いません）

「　・・・　としてのキーワード」

「　・・・　としてのメッセージ」

【回答例】

「会社の代表取締役としてのキーワード」

・切磋琢磨

・夢を追いかける

・稼ぐ力を身につける

「会社の代表取締役としてのメッセージ」

・どれだけ嫌いなことだったとしても継続すればたしかな力になる

・豊かさと愛の両方を手に入れることはできる

Q18. 役割に落とし込むため、キーワードの後に「〜すること」を付け加えましょう。

(日本語として表現しにくいところは、しっくりくる言葉に変えます。家庭に関しては、メッセージではなく〝テーマ〟と考えるとしっくりきます)

「　　　　としての役割」

・　　　　　　　　　　　　　　　　　することと
・　　　　　　　　　　　　　　　　　すること
・　　　　　　　　　　　　　　　　　すること

・
・

というメッセージを届けること。

【回答例】

「会社の代表取締役としての役割」

・切磋琢磨すること
・夢を追いかけること
・稼ぐ力を身につけること

・どれだけ嫌いなことだったとしても継続すればたしかな力になる
・豊かさと愛の両方を手に入れることはできる
というメッセージを届けること。

Q19. 知人や友人に対してどんな影響を与えられる存在でいたいですか?

・
・
・

【回答例】
・支える存在
・味方であること
・信じること

Q20. 知人や友人に伝えたいメッセージは何ですか?

・
・
・

【回答例】

・やりたいことがあるなら誰の意見にも左右されずに自分で決めて進め！
・苦しくなったときは一人で抱え込まず人を頼ること
・どうしようもなくなったら逃げることもあり！

ステップ5

役割を行動に落し込む

ワーク7　あなたの役割を明確にする

Q21　仕事においての役割・家庭においての役割・プライベートにおいての役割で最も数の多かった上位3つのキーワードと上位2つのメッセージを書き出しましょう。

これがあなたの人生の役割のテーマです。

【キーワード上位】

1位

2位

3位

【メッセージ上位】

1位

2位

【回答例】

【キーワード上位】

1位　自分を表現すること

2位　味方であること

3位　信じること

【メッセージ上位】

1位　諦めなければ（生きていれば）必ず道は拓ける

2位　豊かさと愛の両方を手に入れることはできる

Q22. 人生の役割のテンプレートに当てはめる
（日本語としておかしな表現になる場合は、ふさわしい表現に変えてください。
そして、声に出して読み上げます）

「私の人生の役割は、＿＿＿＿＿＿であり＿＿＿＿＿＿であり＿＿＿＿＿＿すること
で、＿＿＿＿＿＿と＿＿＿＿＿＿というメッセージを届けること
である。」

【回答例】
「私の人生の役割は、自分を表現することであり、味方であり、信じることで、「諦めなければ（生きていれば）必ず道は拓ける」と「豊かさと愛の両方を手に入れることはできる」というメッセージを届けることである。」

番外編

（ステップ6）未来の役割を明確にする

Q23. あなたの将来の夢はなんですか？※書けるだけ書く

・
・
・

【回答例】
・月に行くこと
・ベストセラー作家になること
・海外とのデュアルライフなど

Q24. 書き出した夢を、3つ（仕事、家庭、プライベート）のカテゴリー、人生の夢に分けましょう。

「仕事」

・
・
・

「家庭」

・
・
・

「プライベート」

・
・

・

「人生」

・

・

・

【回答例】

「仕事」

・一万人規模のイベントを開催すること

・海外での講演活動

・ベストセラー作家になること

「家庭」

・海の近くに大きな一軒家を建てること

・海外移住を体験すること
・海外とのデュアルライフを送ること

「プライベート」
・舞台に立つ
・個展を開く
・楽曲制作とLIVE活動

「人生」
・月に行くこと
・日本武道館でイベントを開催
・映画を作る

Q25. どうしても実現させたい3つの夢は何ですか？
――

2

3

【回答例】

1 日本武道館でイベントを開催すること

2 ベストセラー作家になること

3 海外とのデュアルライフを送ること

Q26. 3つの夢を実現させることは、あなたの人生で何を証明したことになりますか？

「　　　　　」

【回答例】

「諦めなければ（生きていれば）必ず道は拓ける」

■著者プロフィール

葉山倖成（はやま・こうせい）

プロフェッショナルコーチ。
経営者を中心に会社員、フリーランスの人たちに「本当に望んでいる現実を明確にし実現させる」サポートは業界でも有名。1978年熊本県熊本市生まれ。

2013年に経営していた中華料理店の閉店、新規事業も人間関係のトラブルで経営破綻し、人生のどん底へ叩き落とされた。しかし、コーチングに出会い人生を大きく変え、現在はプロフェッショナルコーチとして活動中。クライアントには有名実業家、スポーツ選手、アーティストなど、各業界の著名人も多数。
＜公式ページ＞https://recurrent-edu.jp/

LIFE POSITION
～人生の「役割」を見つける5＋1ステップ～

2023年3月15日　第1刷発行

著　者　　葉山倖成
発行人　　出口 汪
発行所　　株式会社 水王舎
〒150-0012
東京都渋谷区広尾5-14-2
電話 03-6304-0201

印　刷　　日経印刷
製　本　　日経印刷

落丁、乱丁本はお取り替えいたします。

ISBN978-4-86470-176-1　C0030

◘水王舎の最新情報はこちら
https://suiohsha.co.jp